## Hello and welcome!



*Vor dir liegt der **Wordmaster**. Er hilft dir beim Wörterlernen.*

*Im Anschluss an die **New words** gibt es kurze Aufgaben, Rätsel und Wortspiele, mit denen du den neuen Wortschatz übst und festigst.*

*Sobald du neue Wörter in der Schule besprochen hast, bearbeite die **New words** in diesem Heft.*

*Die **fett gedruckten** deutschen Wörter sind Lernwörter. Sie fehlen im englischen Satz, damit du sie eintragen kannst.*

*Alle Lösungen findest du in der Mitte des Heftes.*

Unit 1

# Life down under

## New words

▸ *pp. 8–10 | VOCABULARY p. 207*

| | |
|---|---|
| 1 **Australische/r Ureinwohner/in** | ______________ |
| 2 Hast du einen **Spitznamen**? – Ja, „Mini", weil ich so klein bin. | Do you have a ______________ ? – Yes, "Mini" because I'm so short. |
| 3 Im **Landesinneren** Australiens gibt es keine großen Städte. | In Australia there are no big cities ______________ . |
| 4 Die **Landschaft** in Bayern ist sehr schön. | The ______________ in Bavaria is beautiful. |
| 5 Das **Klima** in Florida gefällt mir. | I like the ______________ in Florida. |
| 6 Das **Riff** eignet sich gut zum Tauchen. | The ______________ is great for diving. |
| 7 An unserer Schule gibt es ein Handy**verbot**. | There's a ______________ mobiles at our school. |
| 8 Micky Maus ist die **bekannteste** Comicfigur. | Mickey Mouse is the ______________ comic character. |
| 9 **Zentral**australien ist sehr trocken. | ______________ Australia is very dry. |
| 10 Bitte **verbrennt** kein nasses Holz. | Please don't ______________ wet wood. |
| 11 Ich wurde 1990 australische **Bürgerin**. | I became a ______________ of Australia in 1990. |
| 12 **Mach** bitte **weiter**. | Please ______________ . |
| 13 Jack **wurde** in Sydney **geboren**. | Jack ______________ in Sydney. |
| 14 **Vergleiche** dein Handy **mit** einem sehr alten Handy – worin unterscheiden sie sich? | ______________ your mobile ______________ a very old mobile – what are the differences? |
| 15 Die meisten Einwanderer **lassen sich** in großen Städten nieder. | Most immigrants ______________ in big cities. |
| 16 Eine **große** Cola, bitte. | A ______________ cola, please. |

### 1 Opposites

*Finde das Gegenteil.*

| | |
|---|---|
| 1 stop ◂▸ ______________ | 4 small ◂▸ ______________ |
| 2 die ◂▸ ______________ | 5 old ◂▸ ______________ |
| 3 move on ◂▸ ______________ | 6 first ◂▸ ______________ |

## 2 What are the words?

*Trage die englischen Bezeichnungen der Bilder in das Kammrätsel ein. Wie lautet das Lösungswort?*

1

2

3

4

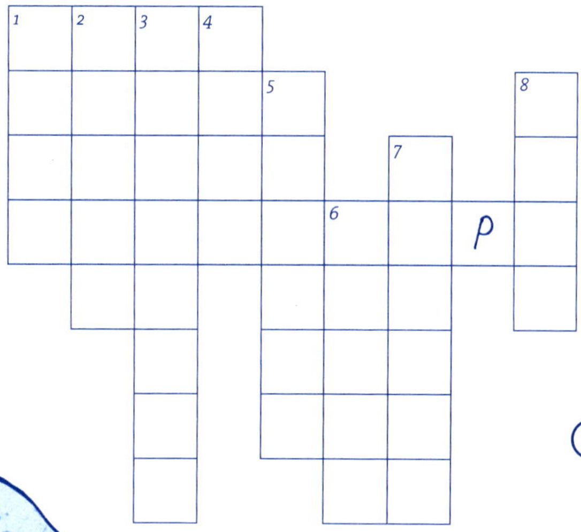


6

7
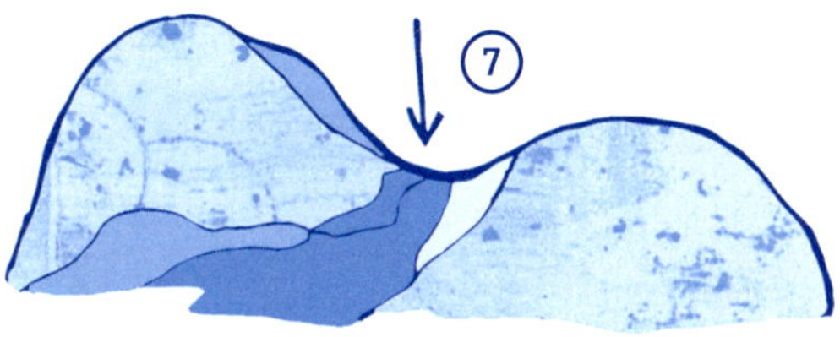

8

5

## 3 Lost words

*Setze die Wörter aus den Seifenblasen ein.*

1 There's a ban ______________ mobile phones at our school.

2 Rome is an interesting city, but nothing compares ______________ Venice.

3 We've made a film ______________ our last holiday in Italy.

4 What kind ______________ places did you go?

5 First we went to lots ______________ old villages. After that we spent a week ______________ the coast.

6 Iain lives ______________ Sydney.

7 Uluru is an important place ______________ Aboriginal Australians.

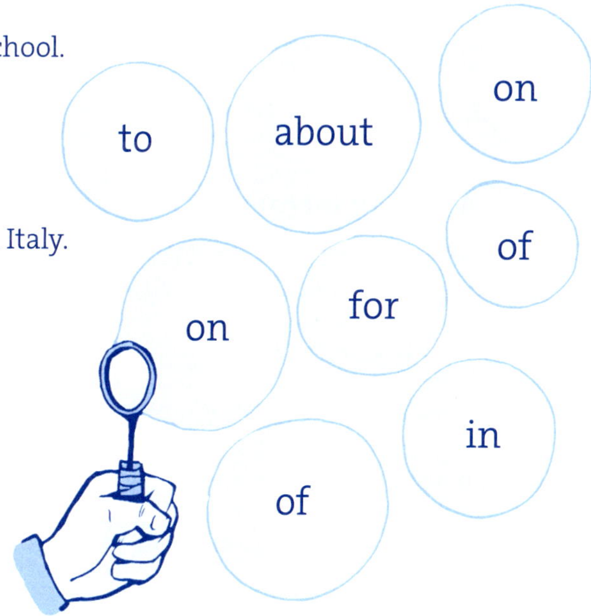

## New words ▸ *p. 11 | VOCABULARY pp. 207–208*

| | |
|---|---|
| 1 Wann machst du deine letzte **Prüfung**? | When are taking your last ____________? |
| 2 Bist du schon einmal auf einem **Kamel** geritten? | Have you ever ridden on a ____________? |
| 3 Wir können nichts kaufen, **weil** es hier kein Geschäft gibt. | We can't buy anything ____________ there is no shop around here. |
| 4 Warten wir ab, was die **Experten** sagen. | Let's wait to see what the ____________ say. |
| 5 Hier kann man viele **einheimische Tiere** sehen. | You can see lots of ____________ ____________ here. |
| 6 Lebensmittel **wie zum Beispiel** Milch und Fleisch sind hier sehr teuer. | Food ____________ milk and meat are very expensive here. |
| 7 Er **leidet unter** Asthma. | He ____________ asthma. |
| 8 Es gibt einige **tödliche Spinnen** in Australien. | There are some ____________ in Australia. |
| 9 Wie **wahrscheinlich** ist es, ihnen zu begegnen? | How ____________ is it to see them? |
| 10 Ich bin **gegen** Erdbeeren **allergisch**. | I'm ____________ strawberries. |
| 11 Ein Wespen**stich** tut sehr weh. | A wasp ____________ hurts a lot. |
| 12 Ich wurde von einer Wespe **gestochen**. | I was ____________ by a wasp . |
| 13 Wir brauchen noch **Salz** und **Pfeffer**. | We need ____________ and ____________. |
| 14 Uluru ist ein touristischer Anziehungs**punkt**. | Uluru is a tourist hot ____________. |

## 4 Missing letters

*In jedem Satz fehlt in einem Wort ein Buchstabe. Schreibe das richtige Wort neben den Satz. Die fehlenden Buchstaben ergeben das Lösungswort.*

1 You can easily get lost in the outbak. ____________ ☐

2 Nothing compres to the Great Barrier Reef. ____________ ☐

3 People shouldn't clib Uluru. ____________ ☐

4 There are lots of dadly animals in Australia. ____________ ☐

5 I'm alergic to nuts. ____________ ☐

Lösungswort: ____________

## New words ▸ *p. 12 | VOCABULARY p. 208*

| | |
|---|---|
| 1 Ich habe dich nicht vor vier **erwartet**. | I didn't ____________ you until four. |
| 2 Wir brauchen einen **Liter** Milch. | We need a ____________ of milk. |
| 3 Wir **hatten** eine **Panne** auf dem Weg nach Italien. | Our car ____________ on the way to Italy. |
| 4 Kinder sollten im **Schatten** spielen. | Children should play in the ____________. |
| 5 Siehst du den **Schatten** an der Wand? | Do you see the ____________ on the wall? |
| 6 Als es kalt wurde, **zündeten** wir ein Feuer **an**. | When it got cold, we ____________ a fire. |
| 7 Viele Nordeuropäer mögen keine **Hitze**. | Lots of Northern Europeans don't like the ____________. |
| 8 **Mir ist schlecht.** | ____________ |
| 9 **Beruhige dich!** | ____________ |
| 10 Ein Schlangen**biss** kann gefährlich sein. | A snake ____________ can be dangerous. |
| 11 Bleib **ruhig** und **ruf einen Krankenwagen**. | Stay ____________ and ____________. |

## New words ▸ *p. 13 | VOCABULARY p. 209*

| | |
|---|---|
| 1 Behandle das Buch mit **Sorgfalt**. | Handle the book with ____________. |
| 2 **Schütz** deinen Kopf mit einem Helm. | ____________ your head with a helmet. |
| 3 Siehst du die Frau **da drüben**? | Can you see the woman ____________? |
| 4 Ich bin hingefallen und mein Knie **blutet**. | I've fallen and my knee is ____________ing. |
| 5 Es blutet nicht, aber man sieht eine **Rötung**. | It isn't bleeding, but you can see some ____________. |
| 6 Wir sollten **Fieber bei dir messen**. | We should ____________. |

## 5 Odd word out

*Streiche das Wort durch, das nicht in die Reihe passt.*

1 large – big – full – tall
2 mountain – beach – reef – landscape
3 camel – spider – rabbit – sheep
4 sugar – salt – pepper – spider

## 6 Linking

*Verbinde die deutschen Sätze mit den richtigen englischen Sätzen. Übersetze die beiden Sätze, für die es keine englische Entsprechung in der rechten Spalte gibt.*

| | |
|---|---|
| 1 Ich reagiere allergisch auf Erdbeeren. | A I had to go to hospital. |
| 2 Ich habe Kopfschmerzen. | B Call a doctor. |
| 3 Bitte rufen Sie einen Krankenwagen. | C When are you going to the doctor's? |
| 4 Ich musste ins Krankenhaus. | D Protect your head from the sun. |
| 5 Wann gehst du zum Arzt? | E I think I should take my temperature. |
| 6 Haben Sie Fieber gemessen? | F I'm allergic to strawberries. |
| 7 Mir ist schlecht. | G Have you taken your temperature? |
| 8 Ruf einen Arzt! | H I have a headache. |
| 9 Ich glaube, ich sollte Fieber messen. | I ______________________________ |
| 10 Schütz deinen Kopf vor der Sonne. | J ______________________________ |

## 7 Word building

*Verbinde die Wortteile mit der richtigen Endung und trage sie in die entsprechende Tabellenspalte ein.*

clever- announce- direc- appoint- dark- pave- informa- ill- connec- govern-

introduc- sad- invita- weak- communica- friendli- excite- move-

| -ness | -ment | -tion |
|---|---|---|
| | | |
| | | |
| | | |
| | | |
| | | |
| | | |

Die Endung **-ness** wird verwendet, um Nomen aus Adjektiven zu bilden.

*Sieh dir die Wörter in den beiden anderen Spalten an und vervollständige diesen Satz:*

Die Endungen **-ment** und **-tion** werden verwendet, um Nomen aus ________________ zu bilden.

## New words ▸ *pp. 14–15 | VOCABULARY pp. 209–210*

| | |
|---|---|
| 1 Meine **Mannschaft** und ich heißen Sie willkommen an Bord des Fluges nach Sydney. | My ______________ and I welcome you on board our flight to Sydney. |
| 2 **Körperbemalung** gehört zur Kultur der australischen Ureinwohner. | ______________ is part of the Aboriginal culture. |
| 3 Tanya kennt viele **traditionelle** Rezepte. | Tanya knows lots of ______________ recipes. |
| 4 Die Straße war nicht **breit** genug für zwei Autos. | The road wasn't ______________ enough for two cars. |
| 5 Tom ist **fast** so groß wie sein Vater. | Tom is ______________ as tall as his father. |
| 6 Die **Einheimischen** kennen die Gefahren hier gut. | The ______________ people know the dangers here well. |
| 7 Kannst du Spaghetti kochen? – Ja, das ist doch **leicht**. | Can you cook spaghetti? – Sure, that's ______________. |
| 8 Die Europäer brachten **Krankheiten** nach Australien. | The Europeans brought ______________ to Australia. |
| 9 Australien ist der kleinste **Kontinent** der Erde. | Australia is the smallest ______________ of the earth. |
| 10 Vielen Touristen gefällt die australische **Lebensweise**. | Lots of tourists like Australian ______________ ______________. |
| 11 Zu viel Alkohol ist schlecht für deine **Gesundheit**. | Too much alcohol is bad for your ______________. |
| 12 Was bedeutet der **Punkt** hier? | What's the meaning of this ______________? |
| 13 Kannst du ein **Geheimnis** bewahren? | Can you keep a ______________? |
| 14 Das ist ja eine **fantastische** Nachricht! | That's ______________ news! |

## 8 Opposites

*Finde das Gegenteil.*

1 likely ◂▸ ______________

2 cold *(n.)* ◂▸ ______________

3 feel fine ◂▸ ______________

4 alive ◂▸ ______________

## 9 Crossword

*Hier kannst du testen, wie gut du die Vokabeln von Seite 8–15 behalten hast.*

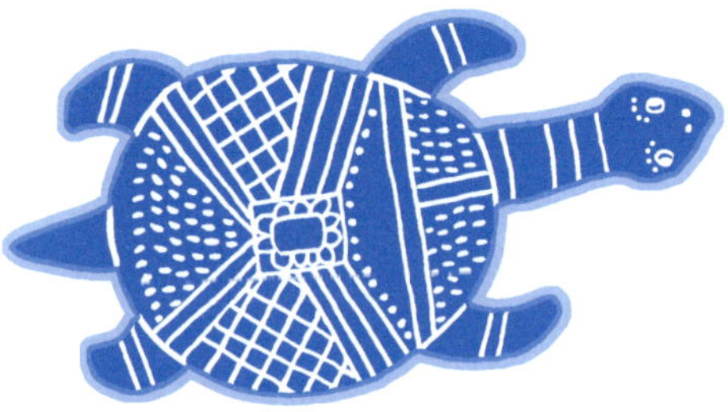

1 → a dark, cool place where the sun doesn't shine
1 ↓ a dark shape that you see when sb. is in front of a light
2 → to lose blood
2 ↓ sth. can ??? when you set fire to it
3 a big test
4 a large animal that lives in the desert and can carry people or things
5 an area of land with a special appearance
6 I can't phone you ??? I don't have your number.
7 something that you mustn't tell other people
8 an illness
9 a name that your friends call you instead of your real name
10 to think that something will happen
11 all the people who work on a ship or plane
12 an insect with eight legs that catches other insects in a web
13 one of the seven pieces of land of the world
14 opposite of "illness"
15 causing death
16 what bees and wasps can do
17 → the kind of weather in a certain area
17 ↓ in the middle part
18 opposite of the noun "cold"
19 keep someone or something safe
20 go on
21 so. who knows a lot
22 → feel pain or sadness
22 ↓ move to a new place and stay there
23 opposite of "small"
24 rocks or a sandbank under water
25 a measure of liquids (e.g. water)
26 white stuff you put on food; often together with pepper
27 a person that belongs to a country or a town
28 a small round mark (e.g. on the letter "i")

## 10 Scrambled words

*Setze das richtige Wort aus dem Reservoir ein.*

bulaamnce – bkero ndow – mpcoares – hethal – otprect – tratuemrepe – raitiodtnla – enowll-kwn

1 Please ______________________ your head and wear a helmet.

2 We often cook ______________________ Irish food.

3 When Ben fell off his bike, his friends phoned for an ______________________.

4 You look very hot. I think we should take your ______________________.

5 "Imagine" is a very ______________________ song by John Lennon.

6 Our car ______________________ on the way to Sydney.

7 Nothing ______________________ to a glass of cold water on such a hot day!

8 Fresh fruit and vegetables are good for your ______________________.

## New words ▸ p. 16 | VOCABULARY p. 210

| | |
|---|---|
| 1 100 Leute **haben** sich für den Wettkampf **angemeldet**. | 100 people ______________________ the competition. |
| 2 Was ist deine **persönliche** Meinung dazu? | What's your __________ opinion about this? |
| 3 Unsere Familie hält vielen Jahren **Vieh**. | Our family has kept ________ for many years. |
| 4 Wo ist **das nächstgelegene** Krankenhaus? | Where is ______________ hospital? |
| 5 **Pferde** spielen eine wichtige Rolle in meinem Leben. | ______________ play an important role in my life. |
| 6 Kannst du Fahrräder **reparieren**? | Can you ______________ bikes? |
| 7 Mein Rad ist eine Menge Geld **wert**. | My bike is ______________ a lot of money. |
| 8 **Dreh** bitte die Würstchen **um**. | Please __________ the sausages __________. |
| 9 Ich kann das nicht lesen. Das ist **verkehrt herum**. | I can't read that. It's ______________ ______________. |
| 10 Unser Auto braucht neue **Reifen**. | Our car needs new ______________. |
| 11 Hast du eine **wasserdichte** Jacke? | Do you have a ______________ jacket? |
| 12 Hör auf zu **rasen**, oder ich steige aus. | Slow down! Stop ______________ing or I'm getting out of the car! |
| 13 Kennst du die aktuelle Arbeitslosen**zahl**? | Do you know the latest unemployment ______________? |

## New words ▸ p. 17 | VOCABULARY p. 211

| | |
|---|---|
| 1 Unsere Gruppe trifft sich **regelmäßig** jeden Mittwoch. | Or group has a ______________ meeting every Wednesday. |
| 2 Er sagte **überhaupt nichts**. | He did __________ say anything __________. |
| 3 Mir macht das **Kochen** viel Spaß. | I like ______________. |
| 4 Diese Beschreibung ist zu **allgemein**. | This description is too ______________. |
| 5 Unsere Band **nimmt** bald eine CD **auf**. | Our band is going to __________ a CD soon. |
| 6 Meine Mutter hat viele **Dias** gemacht, als ich klein war. | My mother took lots of ______________ when I was little. |

## 11 Word snail

*Übersetze die Wörter ins Englische und trage sie in die Wortschnecke ein. Die Anfangsbuchstaben in der Schnecke helfen dir dabei. Das Lösungswort findest du in den grauen Feldern.*

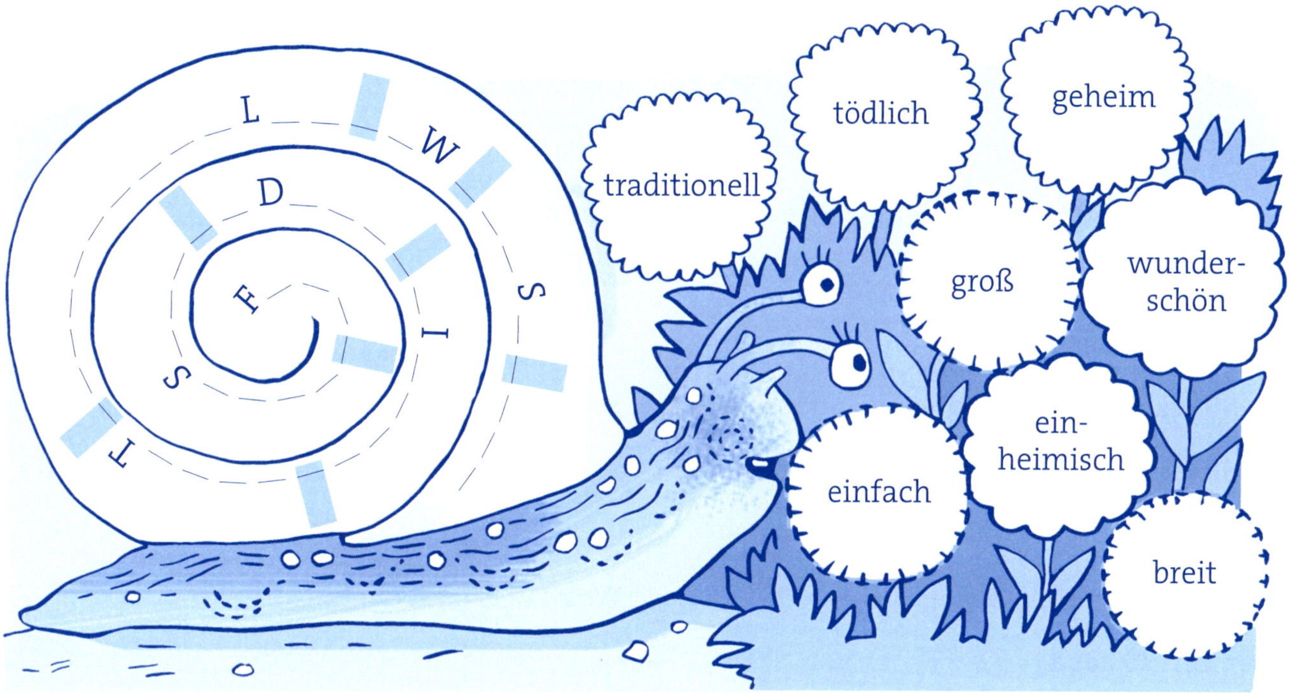


Lösungswort: ______________________

## 12 Word snake

*Übersetze die Verben in der Schlange und trage ihren Infinitiv sowie das simple past und das past participle in die Liste ein.*

| | Infinitive | Simple past | Past participle |
|---|---|---|---|
| 1 | drive | drove | driven |
| 2 | | | |
| 3 | | | |
| 4 | | | |
| 5 | | | |
| 6 | | | |
| 7 | | | |

## New words ► *pp. 18–21 and 103–104 | VOCABULARY pp. 211–212*

| | |
|---|---|
| 1 Er **riss das Steuer herum** und fuhr gegen einen Baum. | He ______ and hit a tree. |
| 2 Oma hat jetzt einen **Enkel** und eine **Enkelin**. | Grandma now has a ______ and a ______. |
| 3 Beim Sport binde ich meine Haare zu einem **Pferdeschwanz**. | I tie my hair in a ______ when I do sports. |
| 4 **Kinn** | ______ |
| 5 Du kannst **jeden** Bus nehmen, der hier hält. | You can take ______ bus that stops here. |
| 6 **Wessen** Hund ist das? – Ich glaube, es ist **seiner**. | ______ dog is it? – I think it's ______. |
| 7 Wir wollen schwimmen gehen. **Bist du dabei**? | We want to go swimming. ______? |
| 8 Ich erkenne das Auto am Geräusch seines **Motors**. | I recognize the car by the sound of its ______. |
| 9 **Riskiere** nicht dein Leben! | Don't ______ your life! |
| 10 Was steht da auf der **Lichtung**? – Sieht aus wie eine **Ziege**. | What's that in the ______? – It looks like a ______. |
| 11 Früher standen immer **Anhalter** an der Straße. | In the old days there were always ______ standing by the road. |
| 12 Flugzeuge brauchen viel **Treibstoff**. | Planes need a lot of ______. |
| 13 Die Sängerin war **irgendwie glamourös**. | The singer was ______. |
| 14 Meine Schwester würde gerne ein **glamouröses** Leben führen. | My sister would like to live a ______ life. |
| 15 Deine Finger**nägel** sind zu lang. | Your finger ______ are too long. |
| 16 Sie trägt immer roten **Nagellack**. | She always wears red ______. |
| 17 Ich muss die Geschichte in meinen eigenen Worten **nacherzählen**. | I have to ______ the story in my own words. |

## New words ▸ *pp. 18–21 | VOCABULARY pp. 212–213*

**!** *Wenn du den Text auf den Seiten 18–21 in deinem Schülerbuch gelesen und die zusätzlichen Wörter daraus gelernt hast, kannst du diese **New words** bearbeiten.*

| | |
|---|---|
| 1 Im Herbst trage ich gerne eine **Weste**. | I like wearing a ______________ in the autumn. |
| 2 Du kannst hier nicht einfach **auftauchen**. | You can't just ______________ like this here. |
| 3 Der Mann sah **vertraut** aus, aber ich wusste nicht, wer er war. | The man looked ______________, but I didn't know who he was. |
| 4 Er **bedrohte** uns mit einem Messer. | He ______________ us with a knife. |
| 5 **Genau! / Du hast es!** | ______________ |
| 6 **Fahrt Richtung Westen**, wenn ihr ans Meer wollt. | ______________ to go to the sea. |
| 7 Stellt die Koffer in den **Kofferraum**. | Put the suitcases in the ______________. |
| 8 Plötzlich **tauchten** fünf Kängurus **auf**. | Suddenly five kangaroos ______________. |
| 9 Lass uns diesen langsamen Wagen **überholen**. | Let's ______________ this slow car. |
| 10 Lass dich nicht von ihnen **tyrannisieren**. | Don't let them ______________ you. |
| 11 Bitte am **Tresen** bezahlen. | Please pay at the ______________. |
| 12 Ich habe hier schon eine ganze **Weile** gewartet. | I've been waiting here for quite a ______________. |

## 13 Crossword

*Trage die Wörter in das Kreuzworträtsel ein.*

1 to turn up
2 go past somebody who is slower
4 quite a long time
7 to say that you will hurt someone

6

5

3

## New words ▸ *p. 22 | VOCABULARY p. 213*

| | |
|---|---|
| 1 Ich muss morgen eine **Präsentation** halten. | I have to give a ________________ tomorrow. |
| 2 Wie lautet dein **Thema**? | What's your ________________? |
| 3 Wir dürfen nichts aus dem Internet **kopieren**. | We mustn't ________________ anything from the internet. |
| 4 Dein Text braucht eine **Struktur**. | Your text needs a ________________. |
| 5 Wir haben viel **Material** für unsere Präsentation. | We have lots of ________________ for our presentation. |
| 6 **Stell sicher, dass** das Smartboard funktioniert | ________________ the smartboard is working. |
| 7 **Visuelle Materialien** sind sehr wichtig. | ________________ are very important. |

## 14 What's the word: *next* or *nearest*?

*Setze das richtige Wort in die Sätze ein.*

1 Excuse me, where's the ________________ supermarket? – There's one just round the corner.

2 Sorry, I'm too busy to visit you this week. How about ________________ week?

3 Who's ________________? – I think it's me. I was here first.

4 I'm going to see my cousin ________________ weekend.

5 I'm going by train, although the ________________ station is an hour away from where she lives, so my aunt will come and pick me up.

6 Luckily my cousin will be old enough to drive ________________ year, so then she can pick me up.

## 15 What are the words?

*Setze das richtige Possessivpronomen in die Sätze ein.*

1 That's a nice bike. John, is it ________________?" – "No, it isn't ________________. But Connor got a new bike for his birthday last week. I think it's ________________.

2 What about these inline skates? – Molly and Lucy were skating today. I think they are ________________.

3 And what about the skateboard? Could this be Charlotte's? – Yes, I think it's ________________.

4 Lily and Mia, are these coats ________________? – Yes, they are ________________. Thank you.

## New words MORE CHALLENGE ▸ *p. 28 | VOCABULARY p. 232*

> **!** *Wenn du den Text und die Aufgaben auf den Seiten 28–29 in deinem Schülerbuch gelesen und bearbeitet hast und die Wörter daraus gelernt hast, kannst du diese* ***New words*** *ausfüllen.*

| | |
|---|---|
| 1 Was bedeutet diese **Redewendung**? | What does this ______ mean? |
| 2 Du kannst eine Weile bei uns wohnen. Wir haben ein **Gästezimmer**. | You can live with us for a while. We have a ______ |
| 3 Der Hund unserer Nachbarn **bellt** viel. | Our neighbour's dog ______ a lot. |
| 4 Das Hotel liegt in einer schönen **Umgebung**. | The hotel ______ are beautiful. |
| 5 Jedes Zimmer hat ein **Bad** mit einer **Dusche** und einer **Badewanne**. | Each room has a ______ with a ______ and a ______. |
| 6 **Bist du dir bewusst**, wie teuer es dort ist? | Do you ______ how expensive it is? |
| 7 Zucker und Tee sind im **Schrank** da drüben. | Sugar and tea are in the ______ over there. |
| 8 Ich möchte nicht, dass du auf die Party gehst. **Was** für eine Party ist das denn **überhaupt**? | I don't want you to go to the party. ______ kind of party is it ______? |
| 9 Sie versuchte, mich zu **beruhigen**. | She tried to ______ me ______. |

## New words MORE CHALLENGE ▸ *p. 29 | VOCABULARY p. 233*

| | |
|---|---|
| 1 Wer ist der **Haupt**verantwortliche für den Hund? | Who is the ______ caretaker of the dog? |
| 2 Der Hund hat **Gift** gefressen. Er ist sehr krank. | The dog ate some ______. He's very ill. |
| 3 Der Sturm hat viel **Schaden** an unserem Haus angerichtet | The storm did a lot of ______ to our house. |
| 4 Es war dunkel und ich **fühlte mich unbehaglich**. | It was cold and I ______ ______. |
| 5 Ich konnte den **Mond** durch das Fenster sehen. | I could see the ______ through my window. |

## 16 Word search

*Kreise 30 Wörter in dem Gitter ein, die du in Unit 1 gelernt hast. Die Fotos und die Bilderrahmen helfen dir dabei. Du musst in 8 Richtungen suchen.* (→ ← ↓ ↑ ↖ ↗ ↘ ↙)

| | | | | | | | | | | | | | | | |
|---|---|---|---|---|---|---|---|---|---|---|---|---|---|---|---|
| P | R | E | D | I | P | S | Z | A | N | A | I | L | Y | B | H |
| X | O | C | W | E | S | H | A | D | O | W | V | F | U | I | G |
| B | T | N | H | S | I | R | S | H | A | D | E | J | T | U | A |
| A | K | T | Y | R | E | O | L | T | O | P | I | C | H | A | B |
| N | Y | A | Z | T | G | C | H | I | N | F | H | R | M | R | O |
| B | R | O | D | C | A | M | E | L | P | H | X | E | A | E | R |
| E | Y | G | Z | T | H | I | W | D | I | C | T | W | H | C | I |
| P | U | K | T | L | Q | A | L | K | Y | W | E | A | C | O | G |
| A | T | L | G | R | A | C | E | O | P | M | L | S | L | R | I |
| C | E | Q | D | H | O | R | S | E | A | G | U | D | I | D | N |
| S | A | L | M | O | S | T | Y | N | E | F | G | F | M | N | A |
| D | S | U | F | F | E | R | K | F | V | N | B | G | A | G | L |
| N | E | R | T | S | E | C | R | E | T | Z | I | H | T | J | O |
| A | A | S | P | A | I | N | T | D | F | G | T | G | E | P | J |
| L | K | L | Y | N | X | B | L | E | E | D | E | C | N | K | B |
| W | A | T | E | R | P | R | O | O | F | Y | D | O | B | E | N |

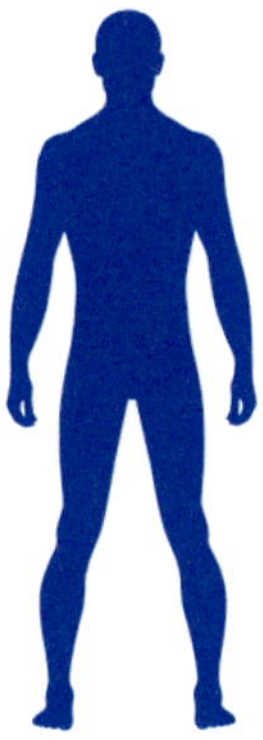

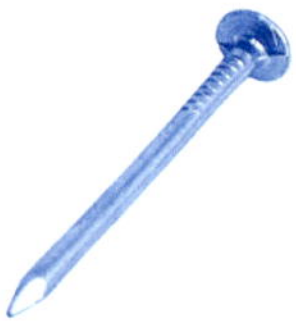

**Scrambled words in English**

Aalboringi
nnicamke
lacandspe
sdeha
sdohaw
stalmo
crseet
wafoterpro

**Words in German**

Klima
Verbot
leiden
Biss
bluten
lackieren
Thema
rasen
aufnehmen (CD)

# Respect



## New words ▸ *pp. 30–31 | VOCABULARY pp. 213–214*

| | |
|---|---|
| 1 Wir sollten alten Menschen mehr **Respekt** zollen. | We ought to show more ____________ to old people. |
| 2 Lisa war immer **eifersüchtig** auf mich. | Lisa was always ____________ of me. |
| 3 Bitte **lösche** dieses Foto. | Please ____________ this photo. |
| 4 Klar kann ich auf Lucy aufpassen. Das ist **kein Drama**. | Of course I can look after Lucy. That's ____________. |
| 5 **Verschwinde**! Ich will lesen. | ____________! I want to read my book. |
| 6 Hatte die Geschichte ein gutes **Ende**? | Did the story have a good ____________? |
| 7 Er wurde **Opfer** von **Cybermobbing**. | He became a ____________ of ____________. |
| 8 **Zuschauer** erschweren manchmal die Arbeit der Polizei. | ____________ sometimes make the work of the police hard. |
| 9 Einige Schüler **tyrannisierten** ein paar jüngere Kinder. | Some students ____________ a few younger children. |
| 10 Jeder wusste, wer die **Mobber** waren. | Everybody knew who the ____________ were. |
| 11 Es war **scheußlich**, dass niemand die Lehrer informierte. | It was ____________ that nobody informed the teachers. |

## 1 Find the words

*Trage die Wörter in das Kammrätsel ein. Wie lautet das Lösungswort in den blauen Feldern?*

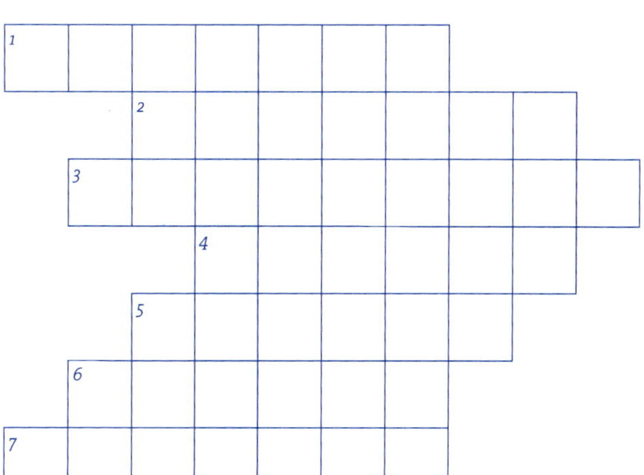


1 Being very brave
2 Feeling sad and angry because you want what another person has
3 A person who is standing near but not taking part in what is happening
4 The opposite of "rude"
5 Remove something that has been written, printed or stored on a computer
6 Someone who suffers an attack or a disaster
7 Keep someone or something safe

## New words ▸ *pp. 32–34 | VOCABULARY pp. 214–215*

| | |
|---|---|
| 1 Kinder müssen lernen, mit schwierigen Situationen **fertig zu werden**. | Children have to learn to ______ difficult situations. |
| 2 Jeder kann Opfer von **Gruppendruck** werden. | Anybody can become a victim of ______ ______. |
| 3 Er wird von seinen **Gleichaltrigen** respektiert. | He is respected by his ______. |
| 4 Tom und ich haben die gleichen **Interessen**. | Tom and I have the same ______. |
| 5 Julia ist meine **Klassenkameradin**. | Julia is my ______. |
| 6 Lässt du dich von der Meinung anderer **beeinflussen**? | Do you let others ______ your opinions? |
| 7 Kinder wollen **dazugehören**. | Children want to ______. |
| 8 Der Regen hat **so ein** Chaos in unserem Garten hinterlassen. | The rain has left ______ mess in our garden. |
| 9 Schule schwänzen ist ein großes **Thema** hier. | Skiving is a big ______ here. |
| 10 Oma rauchte täglich 30 **Zigaretten**. | Grandma used to smoke 30 ______ a day. |
| 11 Er wurde beim **Ladendiebstahl** erwischt. | He was caught ______. |
| 12 **Fühlst** du dich **wohl** an dieser Schule? | Do you ______ at this school? |
| 13 Meine Schwester und ich können **uns** nie **auf** ein Fernsehprogramm **einigen**. | My sister and I can never ______ a TV programme. |
| 14 Mein Bruder **unterstützt** mich immer. | My brother always ______ me. |
| 15 Jemand **hat** mir meine Kamera **gestohlen**. | Someone ______ my camera. |
| 16 Du musst lernen, anderer Leute Meinung **zu akzeptieren**. | You have to learn to ______ other people's opinions. |
| 17 Sie hat mich **in letzter Zeit** nicht mehr angerufen. | She hasn't phoned me ______. |
| 18 Ich möchte gerne mit dir ins Kino gehen, aber wirklich **nur wir beide**. | I'd like to go to the cinema with you, but ______. |

## 2 Word building

*Ordne die Wörter zu: Welches Verb hat dieselbe Form wie das Nomen, welches Verb ändert die Form?*

| Verb und Nomen identisch | Verb | Nomen |
|---|---|---|
| ban, | shoplift | shoplifting |

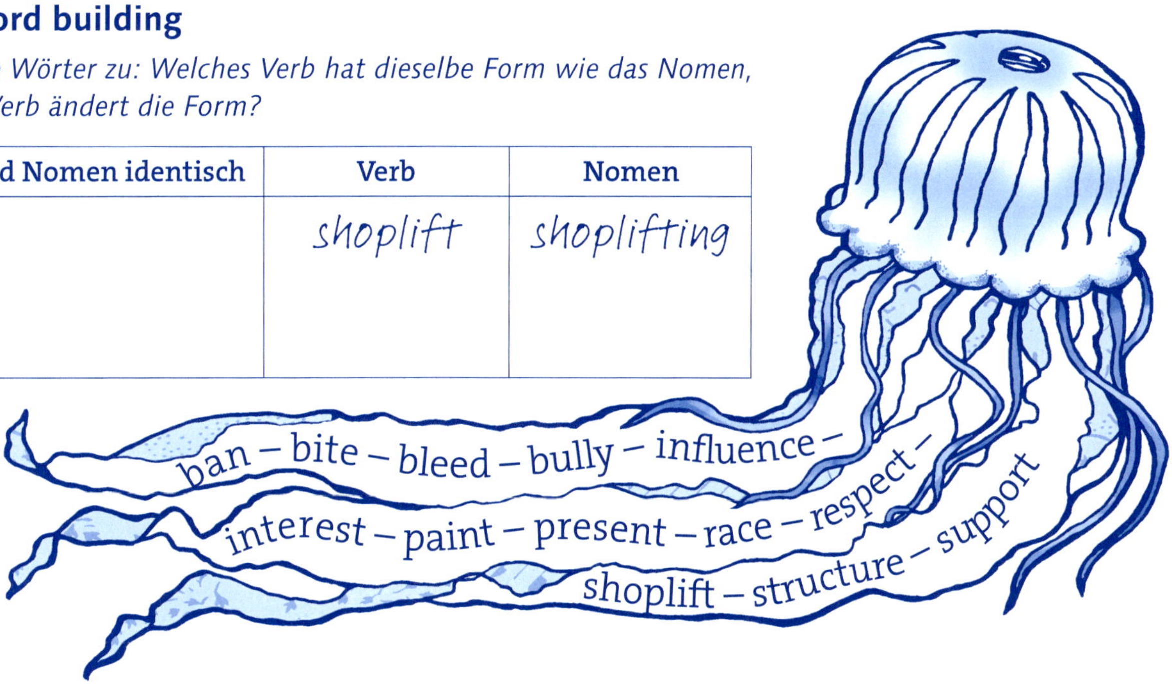


## New words ▸ *p. 35 | VOCABULARY p. 215*

| | | |
|---|---|---|
| 1 | Was steht auf deinem **Button**? | What does it say on your ________________? |
| 2 | Der Zug hatte zwei Stunden Verspätung. Es war so **frustrierend**. | The train was two hours late. It was so ________________. |
| 3 | Hast du je **Diskriminierung** erlebt? | Have you ever experienced ________________? |
| 4 | **Rassismus** ist inakzeptabel. | ________________ is not acceptable. |
| 5 | **Rassistische** Kommentare werden gelöscht. | ________________ comments will be deleted. |
| 6 | Niemand darf wegen seiner **Rasse** diskriminiert werden. | No one may be discriminated against because of his ________________. |
| 7 | **Bei mir hört's auf.** | ________________ |
| 8 | Einige Mitschüler **beschimpften ihn**. | Some classmates ________________. |
| 9 | Gehörst du zum **Personal**? | Are you part of the ________________? |
| 10 | Die Polizei **befragte** sie die ganze Nacht. | The police ________________ them all night. |
| 11 | Man sollte nicht immer die **Gesellschaft** verantwortlich machen. | You shouldn't always blame ________________. |
| 12 | Hast du **Vorurteile** gegen Migranten? | Do you have ________________ against immigrants? |
| 13 | Wir wollen eine **Kampagne** gegen Rassismus an unserer Schule starten. | We want to start a ________________ against racism at our school. |

## 3 Lost words

*Füge das richtige Wort in die Sätze ein. Verwende die Wörter aus den Seifenblasen.*

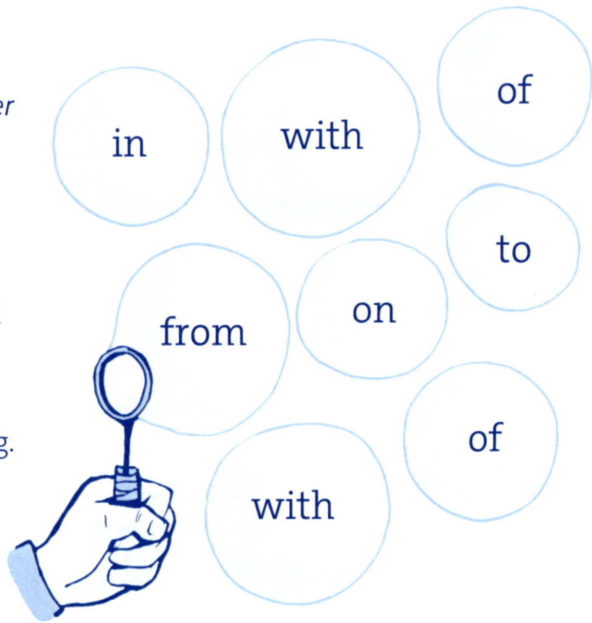


1 I was angry about Tim's message and deleted it __________ my phone immediately.

2 I didn't have the courage __________ ask him why he'd sent it to me.

3 I felt as if I'd become a victim __________ cyberbullying.

4 And I just didn't know how to deal __________ it.

5 Tim has such a lot of influence __________ our classmates.

6 I really want to fit __________ but I've never been comfortable __________ Tim and his friends.

7 Sometimes I'm very jealous __________ my sister because she doesn't have problems like that.

## 4 What's the word: *on* or *with*?

*Setze die richtige Präposition in die Sätze ein.*

1 My sister and I are very different. We don't agree __________ anything.

2 Jim says this task is too difficult, and I agree __________ him.

3 We can't agree __________ what we want to do tonight.

4 Please talk to your partner about the photos and agree __________ the ones you want to use.

5 Sorry, but I don't agree __________ you – I think the film was really good.

6 We couldn't agree __________ a present for Nora. We have to talk about it again tomorrow.

## 5 Definitions

*Welche Wörter werden hier gesucht?*

1 A piece of plastic or metal with words on it that you wear to show that you support a certain group: __________

2 Treating someone or a particular group less fairly than others: __________

3 Thinking badly about someone before you really know him or her: __________

4 People living together in a community or state: __________

5 The unfair treatment of people who belong to a different race: __________

6 An activity organized to achieve a certain aim: __________

## New words ▸ *p. 36 | VOCABULARY pp. 215–216*

| | |
|---|---|
| 1 Sag uns, was du gesehen hast. | Tell us what you saw. |
| Jedes Detail ist **wichtig**. | Every detail ______________________. |
| 2 Lass uns der Sache ins **Auge sehen**: | Let's ______________________ it: |
| Wir haben das Spiel erneut verloren. | we lost the match again. |
| 3 Lies jeden **Eintrag** ganz durch. | Read through every __________ completely. |
| 4 Männer und Frauen sind in Deutschland **gleichberechtigt**. | Men and women have ______________ rights in Germany. |
| 5 Ich mag seine **negative Einstellung** nicht. | I don't like his ______________________. |
| 6 In letzter Zeit hat es einige Einbrüche in **der Umgebung** gegeben. | There have been several break-ins in the ______________________ recently. |
| 7 Eure **Ignoranz** gegenüber den Problemen hier überrascht mich. | Your ______________________ against the problems of this area is surprising. |
| 8 Wir sollten für die **Einheit** unseres Stadtteils kämpfen. | We should fight for the ______________ of our neighbourhood. |

## 6 Word ladder

*Gehe von oben nach unten und verändere bei jedem Wort nur einen Buchstaben.*

1 I like fast cars. We're going to watch a car ____ next Sunday.

2 Let's ____ it: I'm not talented enough to become an actor.

3 In ____, I'm not even sure that I want to be an actor.

4 A car went past us very ____.

5 Who ate the ____ biscuit?

6 I couldn't call you. I'd ____ my mobile.

7 How much will a new one ____?

8 Wear a ____, it's cold outside.

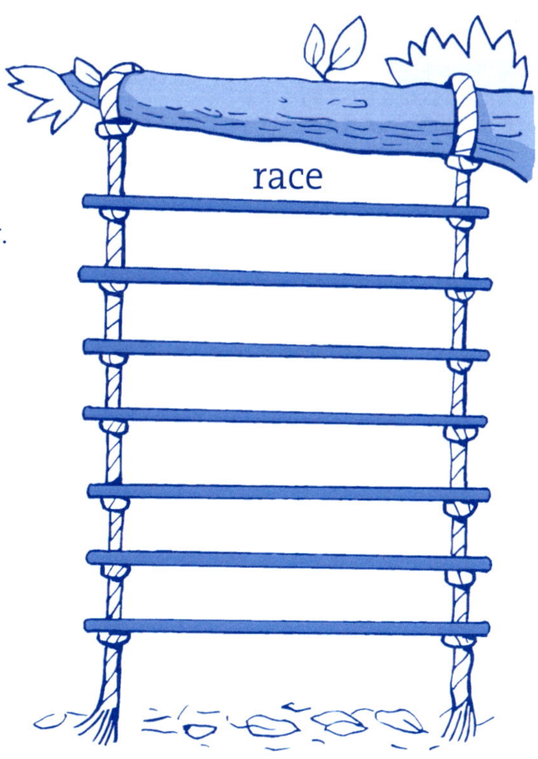

## New words ▸ *pp. 38–40 | VOCABULARY p. 216*

| | |
|---|---|
| 1 Darf ich Sie meinem Chef **vorstellen**? | May I ____________ you ____________ my boss? |
| 2 **Nerv nicht.** | ______________________________ |
| 3 Ich bin von einem stechenden **Schmerz** in meinem Bein aufgewacht. | I woke up because of a sharp ____________ in my leg. |
| 4 **indirekte** Rede | ______________________ speech |
| 5 Lass uns den **direkten** Weg nehmen. | Let's take the most ______________ way. |
| 6 Was waren seine **genauen** Worte? | What were his ______________ words? |
| 7 Mein Hund hört nie auf meine **Befehle**. | My dog never listens to my ____________. |
| 8 Auf **Wunsch** schicken wir Ihnen unseren Katalog. | We'll send you our catalogue on ____________. |

## 7 Word web

*Finde die Wörter, die in das Spinnennetz passen. Alle haben neun Buchstaben und enden auf -e.*

1 Someone who is in the same class as you
2 A thin paper tube filled with tobacco
3 Thinking badly about someone before you really know him or her
4 The power to change what someone believes or does
5 The lack of knowledge or information about something
6 To tell someone your name

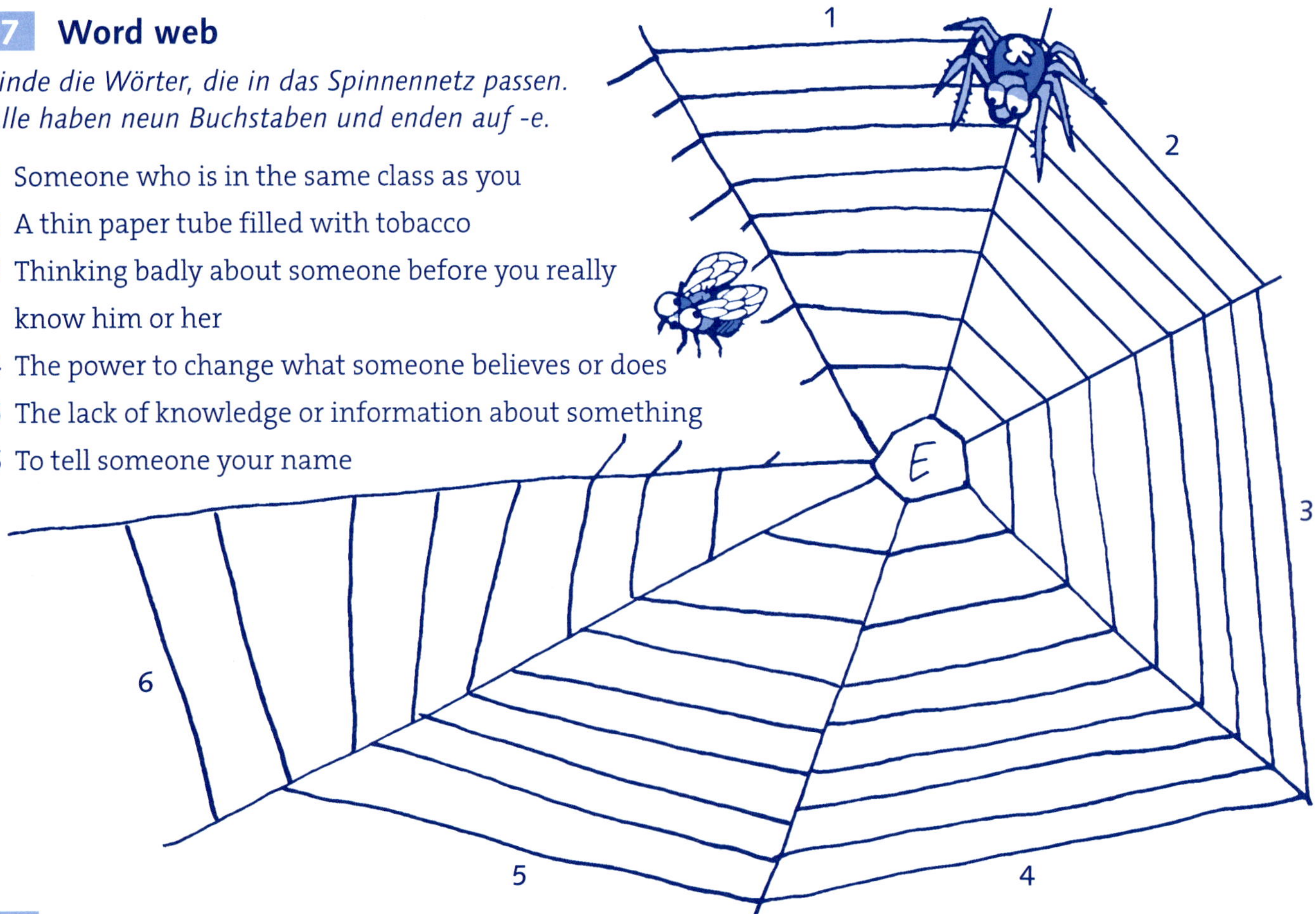


## 8 Opposites

*Finde das Gegenteil.*

| | | | |
|---|---|---|---|
| 1 comfortable ◂▸ | ____________ | 3 negative ◂▸ | ____________ |
| 2 agree ◂▸ | ____________ | 4 direct ◂▸ | ____________ |

## New words ▸ *pp. 41–43 and 103–104 | VOCABULARY pp. 216–217*

| | |
|---|---|
| 1 Bitte zieh die **Gardinen** zu. | Please close the ______________________. |
| 2 Ich hatte dich davor **gewarnt**, den Abend vor der Prüfung tanzen zu gehen!! | I had ______________________ you to go out dancing the night before the exam! |
| 3 Das Haus stand drei Jahre leer, bevor ein paar **Hausbesetzer** einzogen. | The house was empty for three years before some ______________________ moved in. |
| 4 Bitte zünde hier keine **Kerzen** an. | Please don't light any ______________ here. |
| 5 Nach 22 Uhr darfst du nicht **hämmern**. | You mustn't ______________ after 10 pm. |
| 6 Du **hast alles Recht**, böse auf mich zu sein. | You ______________ to be cross with me. |
| 7 Ich kenne meine **Rechte**. | I know my ______________________. |
| 8 Adrian ist so ein **Wichtigtuer**. | Adrian is such a ______________________. |
| 9 Viele **Obdachlose** schlafen im Park. | Lots of ______________ sleep in our park. |
| 10 **Schauplatz** des Films ist Venedig. | The ______________ of the film is Venice. |
| 11 Ich habe die **Handlung** nicht ganz verstanden. | I didn't quite understand the ______________. |
| 12 Ich habe mir den Film auf **Empfehlung** meines Bruders angeguckt. | I watched the film on my brother's ______________________. |

## 9 First letter – last letter

*Der letzte Buchstabe jedes Wortes ist gleichzeitig der erste Buchstabe des nächsten Wortes.*

1 Vorhang, Gardine
2 Spitzname
3 Eintrag
4 deiner, deine, deins
5 Hausbesetzer/in
6 Recht
7 Obdachlose(r), Stadtstreicher/in
8 Handlungs(verlauf)
9 Reifen
10 Motor
11 sich anmelden (für), teilnehmen (an)
12 Empfehlung

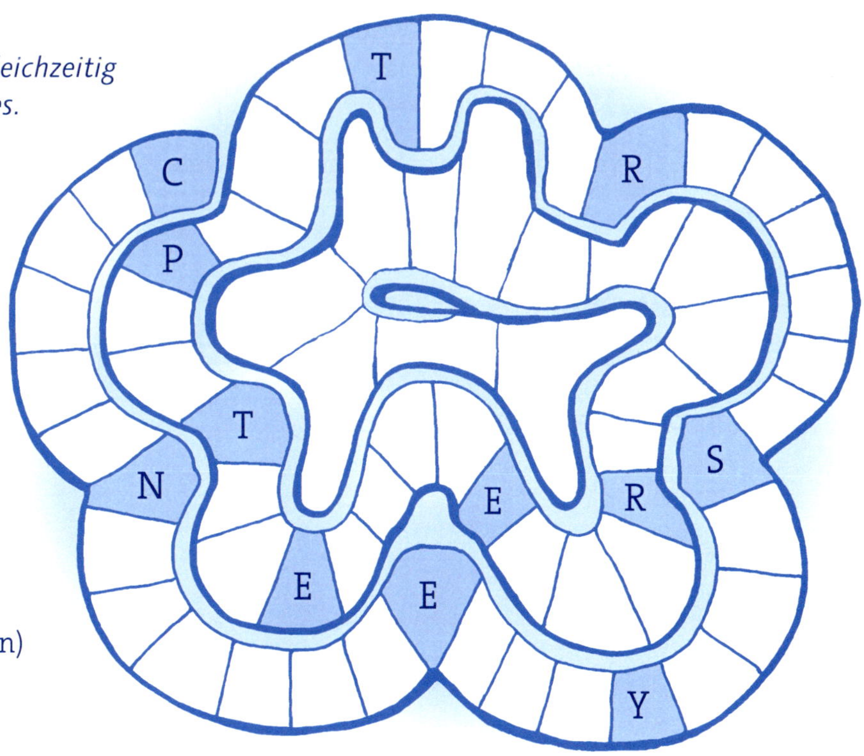

## New words ▸ *pp. 41–43 | VOCABULARY p. 217*

> **!** *Wenn du den Text auf den Seiten 41–43 in deinem Schülerbuch gelesen und die zusätzlichen Wörter daraus gelernt hast, kannst du diese **New words** bearbeiten.*

| | |
|---|---|
| 1 Ich bin nicht gerne in der Dunkelheit. unterwegs. Ich finde das **unheimlich**. | I don't like being out in the darkness. I find it ______. |
| 2 Ich weiß, dass es keinen **Geist** in unserem Haus gibt. | I know there's no ______ in our house. |
| 3 Wir haben viel **Unkraut** im Garten. | There are lots of ______ in our garden. |
| 4 Ich hörte ein seltsames Geräusch und **erstarrte**. | I heard a strange noise and ______. |
| 5 **Sieh selbst! / Sehen Sie selbst!** | ______ |
| 6 Ich möchte mein **eigenes** Zimmer haben! | I'd like to have a room ______. |
| 7 Wir wohnen in einer **anständigen** Gegend. | We live in a ______ area. |
| 8 Wir haben **eine Weile** gebraucht, dort ein Haus zu finden. | I took us ______ to find a house there. |
| 9 Sie **schüttelte** den Kopf. | She ______ her head. |
| 10 Toby, es ist **Schlafenszeit**. | Toby, it's your ______. |
| 11 **Dann mal los! / Ab mit dir!** | ______ |
| 12 Die Kinder **hänselten** ihn, weil er eine Brille trug. | The children ______ him because he wore glasses. |
| 13 Im Garten stand eine **geheimnisvolle** Kiste. | There was a ______ box in our garden. |

## 10 Bits and pieces

*Verbinde die Silben, um englische Wörter zu bilden. Übersetze diese dann ins Deutsche.*

| | | | |
|---|---|---|---|
| 1 ignor | port | ______ | ______ |
| 2 in | mate | ______ | ______ |
| 3 by | ance | ______ | ______ |
| 4 class | stander | ______ | ______ |
| 5 intro | fluence | ______ | ______ |
| 6 sup | duce | ______ | ______ |

## New words ▸ *pp. 115–116 | VOCABULARY p. 217*

**!** *Wenn du den Text auf den Seiten 115–116 in deinem Schülerbuch gelesen und die zusätzlichen Wörter daraus gelernt hast, kannst du diese **New words** bearbeiten.*

| | |
|---|---|
| 1 Ich brauchte nur drei verschiedene **Werkzeuge**, um mein Fahrrad zu reparieren. | I only needed three different ______ to repair my bike. |
| 2 Wir müssen die Uhr **im Auge behalten**, damit wir unseren Zug nicht verpassen. | We have to ______ the clock so that we don't miss our train. |
| 3 Wie war dein Urlaub? – **Zauberhaft**. | What was your holiday like? – ______. |
| 4 Ich möchte **duschen**, bevor wir gehen. | I'd like to have a ______ before we go. |
| 5 **Na los, mach schon!** | ______ |

## 11 Word search

*Finde den Infinitiv und die simple-past-Form von 6 unregelmäßigen Verben im Buchstabenquadrat, schreibe sie in die Liste und ergänze die deutsche Bedeutung.*

| | | | | | | | | | |
|---|---|---|---|---|---|---|---|---|---|
| F | D | E | A | L | S | M | I | D | O |
| T | R | A | G | H | S | S | L | D | V |
| L | S | E | O | Y | H | T | A | L | E |
| A | I | O | E | U | A | O | E | O | R |
| E | K | C | A | Z | K | L | T | T | T |
| D | F | R | O | Z | E | E | S | E | O |
| R | E | T | E | L | L | V | W | R | O |
| E | K | A | T | R | E | V | O | P | K |

| | infinitive | simple past | past participle | German |
|---|---|---|---|---|
| 1 | | | | |
| 2 | | | | |
| 3 | | | | |
| 4 | | | | |
| 5 | | | | |
| 6 | | | | |

## New words ▸ *pp. 44–45 | VOCABULARY p. 218*

| | |
|---|---|
| 1 Danke für das angenehme **Gespräch**. | Thank you for the enjoyable ______________. |
| 2 **Was man im** Krankenhaus **tun und lassen sollte** | The ______________________________ in a hospital |
| 3 Ich nehme an einem **Schüleraustausch** mit Polen teil. | I'm taking part in an ______________ in Poland. |
| 4 Kannst du mir das **Schritt für Schritt** erklären? | Can you explain this to me ______________ ______________? |
| 5 Oma besucht uns **übrigens** nächste Woche. | ______________, Gran is visiting us next week. |
| 6 **Bis dann.** | ______________________________ |
| 7 Ich hoffe, dass ich es **irgendwann** nach New York schaffe. | I hope I'll make it to New York ______________. |
| 8 Versuche, das Wort zu **umschreiben**. | Try to ______________ the word. |

## 12 Word pairs

*Welche Wörter passen zusammen?*

[ ] an exchange

[ ] a candle

[ ] yourself

[ ] the curtains

[ ] a film

[ ] with a group

[ ] a message

[ ] a victim

agree on – become – close – delete – fit in – go on – introduce – light

## New words MORE CHALLENGE ▸ *pp. 50–51 | VOCABULARY p. 233*

> **!** *Wenn du den Text und die Aufgaben auf den Seiten 50–51 in deinem Schülerbuch gelesen und bearbeitet hast und die Wörter daraus gelernt hast, kannst du diese **New words** ausfüllen.*

| | |
|---|---|
| 1 Bitte geh etwas langsamer, ich kann kaum **mit dir mithalten**. | Please slow down a bit. I can hardly ________ ________. |
| 2 Meine Cousine geht in San Francisco zur **Grundschule**. | My cousin goes to ________ ________ in San Francisco. |
| 3 Ihr Bruder geht dort zur **Mittelschule**. | Her brother goes to ________ there. |
| 4 Meine Oma war noch nie im **Ausland**. | My grandma has never been ________. |
| 5 Die Party ging **über** Mitternacht **hinaus**. | The party continued ________ midnight. |
| 6 Viele Einwanderer erlebten **harte Umstände**, bevor sie ihr Land verließen. | Many immigrants experienced lots of ________ ________ before they left their country. |
| 7 Auch **körperlich gesunde** Menschen müssen hart trainieren, bevor sie den Mount Everest besteigen können. | Even ________ people need to train hard before they can climb Mount Everest. |
| 8 Sie leidet an einer **seltenen Erkrankung**. | She suffers from a ________. |
| 9 Bitte zieh dich **ordentlich** an für die Feier. | Please dress ________ for the party. |
| 10 Ich mag es, wie die Londoner Händler ihr Obst und Gemüse **zur Schau stellen**. | I like it how the London stall holders ________ their fruits and vegetables. |
| 11 Oma trägt lieber Röcke **als** Hosen. | Gran prefers to wear skirts ________ trousers. |
| 12 Die **höhnischen Bemerkungen** der Demonstranten waren schockierend. | The ________ of the protesters were shocking. |
| 13 Mein Vater ist **körperbehindert** und benötigt einen Rollstuhl. | My dad is ________ and needs a wheelchair. |
| 14 Mia ist ein sehr **selbstbewusstes** Mädchen. | Mia is a very ________ girl. |
| 15 Mama war traurig, als ich ihren Geburtstag vergaß, aber sie würde das nie **zugeben**. | Mum was sad when I forgot her birthday, but she would never ________ it. |
| 16 Die **Kabine** hatte nur ein kleines Fenster. | The ________ only had a small window. |
| 17 Ich bin **ziemlich** müde heute Abend. | I'm ________ tired tonight. |

## 13 Crossword

*Hier kannst du testen, wie gut du die Vokabeln der Unit 2 behalten hast.*

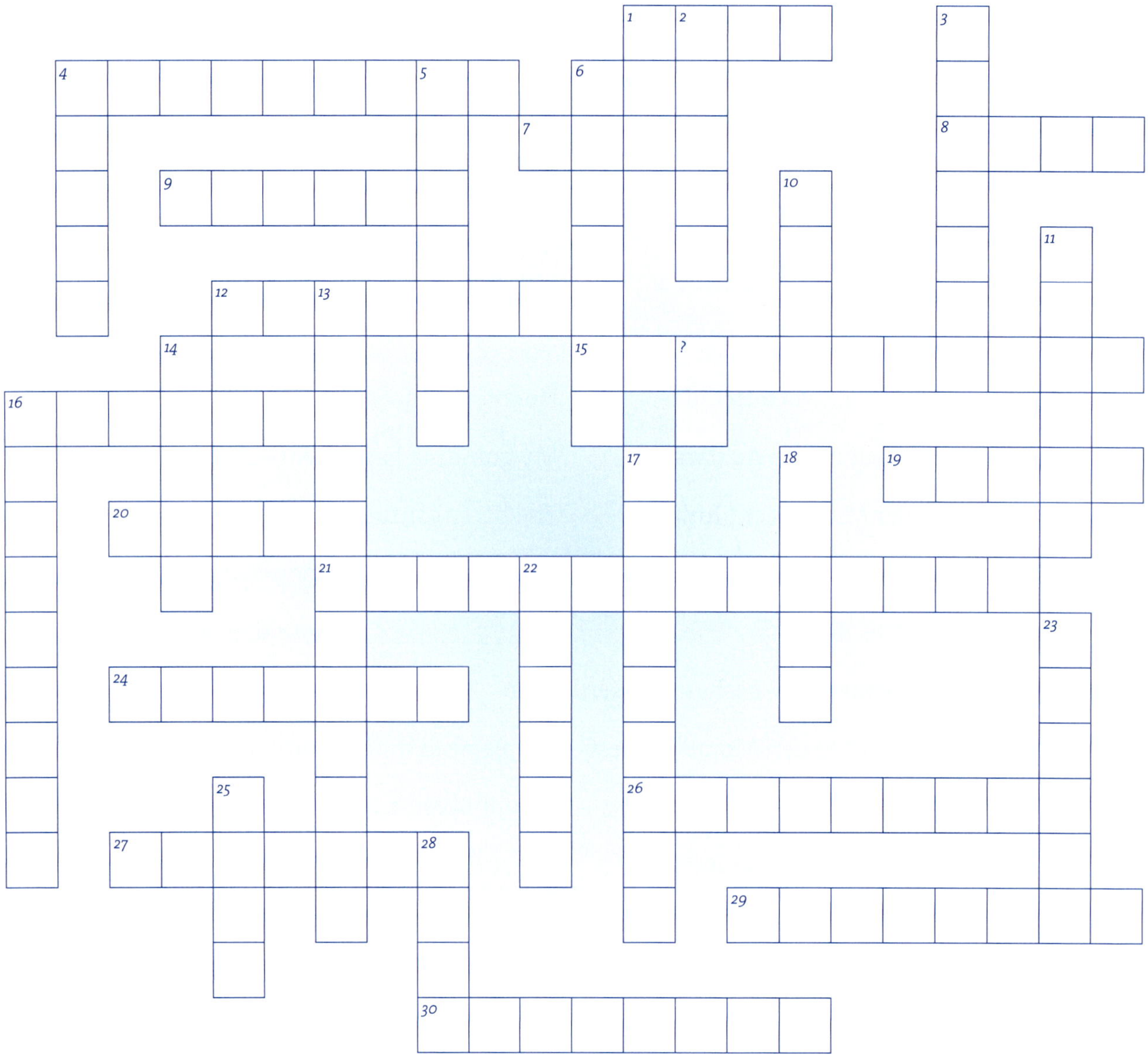

1 Schmerz(en)
2 in etw. übereinstimmen
3 unterstützen
4 → beeinflussen
4 ↓ (Streit-)Frage, Problem
5 Befehl
6 Wunsch, Bitte; Anfrage
7 Gleichaltrige/r, Ebenbürtige/r
8 Handlung(sverlauf)
9 Opfer
10 umgehen (mit etw.)
11 Kerze
12 Schüleraustausch
13 Gespräch, Unterhaltung
14 stehlen
15 Ladendiebstahl
16 → Vorhang, Gardine
16 ↓ Mitschüler/in
17 Vorurteil
18 Personal, Belegschaft
19 tyrannisieren; Mobber/in
20 Anstecknadel, Button
21 Empfehlung
22 wichtig sein
23 löschen
24 Mut
25 vor etw. stehen (Problem)
26 jn. vorstellen
27 eifersüchtig, neidisch
28 so (ein/e ...); solch (ein/e ...)
29 Hausbesetzer/in
30 scheußlich, ätzend, gemein

ENGLISH G

5

# LIGHTHOUSE

## Wordmaster
## Lösungen

Cornelsen

# Unit 1: Life down under

### New words pp. 8–10
1 Aboriginal 2 nickname 3 inland 4 landscape 5 climate 6 reef 7 ban on 8 best-known 9 Central 10 burn 11 citizen 12 continue 13 was born 14 Compare, to 15 settle 16 large

### 1 Opposites
1 continue 2 be born 3 settle 4 large 5 young 6 last

### 2 What are the words?

| | | | | | | | | |
|---|---|---|---|---|---|---|---|---|
| 1 H | 2 O | 3 M | 4 W | | | | | |
| I | C | O | O | 5 D | | | | 8 R |
| L | E | U | O | E | | 7 V | | E |
| L | A | N | D | S | 6 C | A | P | E |
| | N | T | | E | O | L | | F |
| | | A | | R | A | L | | |
| | | I | | T | S | E | | |
| | | N | | | T | Y | | |

Lösungswort: *landscape*

### 3 Lost words
1 on 2 to 3 about 4 of 5 of; on 6 in 7 for

### New words p. 11
1 exam 2 camel 3 as 4 experts 5 native animals 6 such as 7 suffers from 8 deadly spiders 9 likely 10 allergic to 11 sting 12 stung 13 salt, pepper 14 spot

### 4 Missing letters
1 outback 2 compares 3 climb 4 deadly 5 allergic

Lösungswort: *camel*

### New words p. 12
1 expect 2 litre 3 broke down 4 shade 5 shadow 6 lit 7 heat 8 I'm/I feel sick. 9 Cool down! 10 bite 11 still, phone for an ambulance

### New words p. 13
1 care 2 Protect 3 over there 4 bleed(ing) 5 redness 6 take your temperature

### 5 Odd word out
1 full 2 landscape 3 spider 4 spider

### 6 Linking
1 F 2 H 3 I: Please phone for an ambulance.
4 A 5 C 6 G 7 J: I feel sick. 8 B 9 E 10 D

### 7 Word building

| -ness | -ment | -tion |
|---|---|---|
| cleverness | announcement | direction |
| darkness | appointment | information |
| illness | pavement | connection |
| sadness | government | introduction |
| weakness | excitement | invitation |
| friendliness | movement | communication |

Die Endungen -ment und -tion werden verwendet, um Nomen aus **Verben** zu bilden.

### New words pp. 14–15
1 crew 2 Body painting 3 traditional 4 wide 5 almost 6 indigenous 7 simple 8 diseases 9 continent 10 way of life 11 health 12 dot 13 secret 14 fantastic

### 8 Opposites
1 unlikely 2 heat 3 feel sick 4 dead

## 9 Crossword

## 10 Scrambled words

1 protect 2 traditional 3 ambulance
4 temperature 5 well-known 6 broke down
7 compares 8 health

**New words p. 16**

1 entered 2 personal 3 cattle 4 the nearest
5 Horses 6 repair 7 worth 8 turn, over 9 upside down 10 tyres 11 waterproof 12 rac(ing)
13 figure

**New words p. 17**

1 regular 2 not, at all 3 cooking 4 general
5 record 6 slides

## 11 Word snail

fantastic simple deadly indigenous traditional large wide secret

Lösungswort: *allergic*

## 12 Word snake

| | Infinitive | Simple past | Past participle |
|---|---|---|---|
| 1 | drive | drove | driven |
| 2 | sting | stung | stung |
| 3 | light | lit | lit |
| 4 | bleed | bled | bled |
| 5 | know | knew | known |
| 6 | find | found | found |
| 7 | think | thought | thought |

**New words pp. 18–21 and 103–104**

1 swerved 2 grandson, granddaughter 3 ponytail
4 chin 5 any 6 Whose, his 7 Are you up for it?
8 engine 9 risk 10 clearing, goat 11 hitchhikers
12 fuel 13 kind of glamorous 14 glamorous
15 nails 16 nail polish 17 retell

**New words pp. 18–21**

1 waistcoat 2 turn up 3 familiar 4 threatened
5 You got it. 6 Head west 7 boot 8 appeared
9 overtake 10 bully 11 counter 12 while

## 13 Crossword

| | | | | | | | | | | | | | |
|---|---|---|---|---|---|---|---|---|---|---|---|---|---|
| | 1 A | | | 2 O | | | | 3 C | | | | | |
| | P | | | V | | | | O | | | | | |
| | P | | | E | | | | U | | | | 4 W | |
| | E | | | R | | 5 B | | N | | | | H | |
| 6 W | A | I | S | T | C | O | A | T | | | | I | |
| | R | | | A | | O | | E | | | | L | |
| | | | | K | | 7 T | H | R | E | A | T | E | N |
| | | | | E | | | | | | | | | |

**New words p. 22**

1 presentation 2 topic 3 copy 4 structure
5 materials 6 Make sure that 7 Visuals

## 14 What's the word: *next* or *nearest*?

1 nearest 2 next 3 next 4 next 5 nearest
6 next

## 15 What are the words?

1 yours, mine, his 2 theirs 3 hers 4 yours, ours

**New words MORE CHALLENGE p. 28**

1 idiom 2 spare room 3 barks 4 surroundings
5 bath, shower, bathtub 6 realize 7 cupboard
8 What, anyway 9 put, at ease

## 16 Word search

| | | | | | | | | | | | | | | | |
|---|---|---|---|---|---|---|---|---|---|---|---|---|---|---|---|
| P | R | E | D | I | P | S | Z | A | N | A | I | L | Y | B | H |
| X | O | C | W | E | S | H | A | D | O | W | V | F | U | I | G |
| B | T | N | H | S | I | R | S | H | A | D | E | J | T | U | A |
| A | K | T | Y | R | E | O | L | T | O | P | I | C | H | A | B |
| N | Y | A | Z | T | G | C | H | I | N | F | H | R | M | R | O |
| B | R | O | D | C | A | M | E | L | P | H | X | E | A | E | R |
| E | Y | G | Z | T | H | I | W | D | I | C | T | W | H | C | I |
| P | U | K | T | L | Q | A | L | K | Y | W | E | A | C | O | G |
| A | T | L | G | R | A | C | E | O | P | M | L | S | L | R | I |
| C | E | Q | D | H | O | R | S | E | A | G | U | D | I | D | N |
| S | A | L | M | O | S | T | Y | N | E | F | G | F | M | N | A |
| D | S | U | F | F | E | R | K | F | V | N | B | G | A | G | L |
| N | E | R | T | S | E | C | R | E | T | Z | I | H | T | J | O |
| A | A | S | P | A | I | N | T | D | F | G | T | G | E | P | J |
| L | K | L | Y | N | X | B | L | E | E | D | E | C | N | K | B |
| W | A | T | E | R | P | R | O | O | F | Y | D | O | B | E | N |

**New words MORE CHALLENGE p. 29**

1 chief 2 poison 3 damage 4 felt uncomfortable
5 moon

# Unit 2: Respect

**New words pp. 30–31**
1 respect 2 jealous 3 delete 4 no big deal
5 Go away 6 ending 7 victim, cyberbullying
8 Bystanders 9 bullied 10 bullies 11 horrible

**1 Find the words**

| | | | | | | | | | |
|---|---|---|---|---|---|---|---|---|---|
| 1 C | O | U | R | A | G | E | | | |
| | | 2 J | E | A | L | O | U | S | |
| | 3 B | Y | S | T | A | N | D | E | R |
| | | | 4 P | O | L | I | T | E | |
| | | 5 D | E | L | E | T | E | | |
| | 6 V | I | C | T | I | M | | | |
| 7 P | R | O | T | E | C | T | | | |

Lösungswort: *respect*

**New words pp. 32–34**
1 deal with 2 peer pressure 3 peers 4 interests
5 classmate 6 influence 7 fit in 8 such a
9 issue 10 cigarettes 11 shoplifting 12 feel comfortable 13 agree on 14 supports 15 stole
16 accept 17 lately 18 just the two of us

**2 Word building**
Verb und Nomen identisch: bite, bully, influence, interest, race, respect, structure, support

Verb und Nomen verschieden: bleed – blood, paint – painting, present – presentation

**New words p. 35**
1 badge 2 frustrating 3 discrimination 4 Racism
5 Racist 6 race 7 It stops with me. 8 called him names 9 staff 10 questioned 11 society
12 prejudices 13 campaign

**3 Lost words**
1 from 2 to 3 of 4 with 5 on 6 in, with 7 of

**4 What's the word: *on* or *with*?**
1 on 2 with 3 on 4 on 5 with 6 on

**5 Definitions**
1 badge 2 discriminate 3 prejudice 4 society
5 racism 6 campaign

**New words p. 36**
1 matters 2 face 3 entry 4 equal 5 negativity
6 vicinity 7 ignorance 8 unity

**6 Word ladder**
1 race 2 face 3 fact 4 fast 5 last 6 lost 7 cost
8 coat

**New words pp. 38–40**
1 introduce, to 2 Don't be a pain. 3 pain
4 indirect 5 direct 6 exact 7 commands
8 request

**7 Word web**
1 classmate 2 cigarette 3 prejudice 4 influence
5 ignorance 6 introduce

**8 Opposites**
1 uncomfortable 2 disagree 3 positive 4 indirect

**New words pp. 41–43**
1 curtains 2 warned 3 squatters 4 candles
5 hammer 6 you have every right 7 rights
8 busybody 9 tramps 10 setting 11 plot
12 recommendation

**9 First letter – last letter**
curtain – nickname – entry – yours – squatter – right – tramp – plot – tyre – engine – enter – recommendation

**New words pp. 41–43**
1 spooky 2 spook 3 weeds 4 froze 5 See for yourself. 6 of my own 7 respectable 8 a while
9 shook 10 bedtime 11 Off you go! 12 teased
13 mysterious

**10 Bits and pieces**
1 ignorance = Ignoranz, Unwissenheit
2 influence = beeinflussen; Einfluss
3 bystander = Zuschauer/in; *(unbeteiligte)* Bobachter/in
4 classmate = Mitschüler/in
5 introduce = vorstellen, bekanntmachen
6 support = unterstützen; Unterstützung

**New words pp. 115–116**
1 tools 2 keep an eye on 3 Magic 4 shower
5 Go on.

## 11 Word search

| | | | | | | | | | |
|---|---|---|---|---|---|---|---|---|---|
| F | D | E | A | L | S | M | I | D | O |
| T | R | A | G | H | S | S | L | D | V |
| L | S | E | O | Y | H | T | A | L | E |
| A | I | O | E | U | A | O | E | O | R |
| E | K | C | A | Z | K | L | T | T | T |
| D | F | R | O | Z | E | E | S | E | O |
| R | E | T | E | L | L | V | W | R | O |
| E | K | A | T | R | E | V | O | P | K |

1 freeze – froze – frozen = (ge)frieren, erstarren
2 deal – dealt – dealt = klarkommen
3 shake – shook – shaken = schütteln
4 overtake – overtook – overtaken = überholen
5 steal – stole – stolen = stehlen
6 retell – retold – retold = nacherzählen

### New words pp. 44–45

**1** conversation **2** dos and don'ts **3** exchange **4** step by step **5** By the way **6** See you around. **7** sometime **8** paraphrase

## 12 Word pairs

go on an exchange
light a candle
introduce yourself
close the curtains
agree on a film
fit in with a group
delete a message
become a victim

### New words MORE CHALLENGE pp. 50–51

**1** keep up with you **2** elementary school **3** middle school **4** abroad **5** beyond **6** hardship **7** able-bodied **8** rare condition **9** properly **10** display **11** rather than **12** taunt **13** disabled **14** confident **15** admit **16** cabin **17** rather

## 13 Crossword

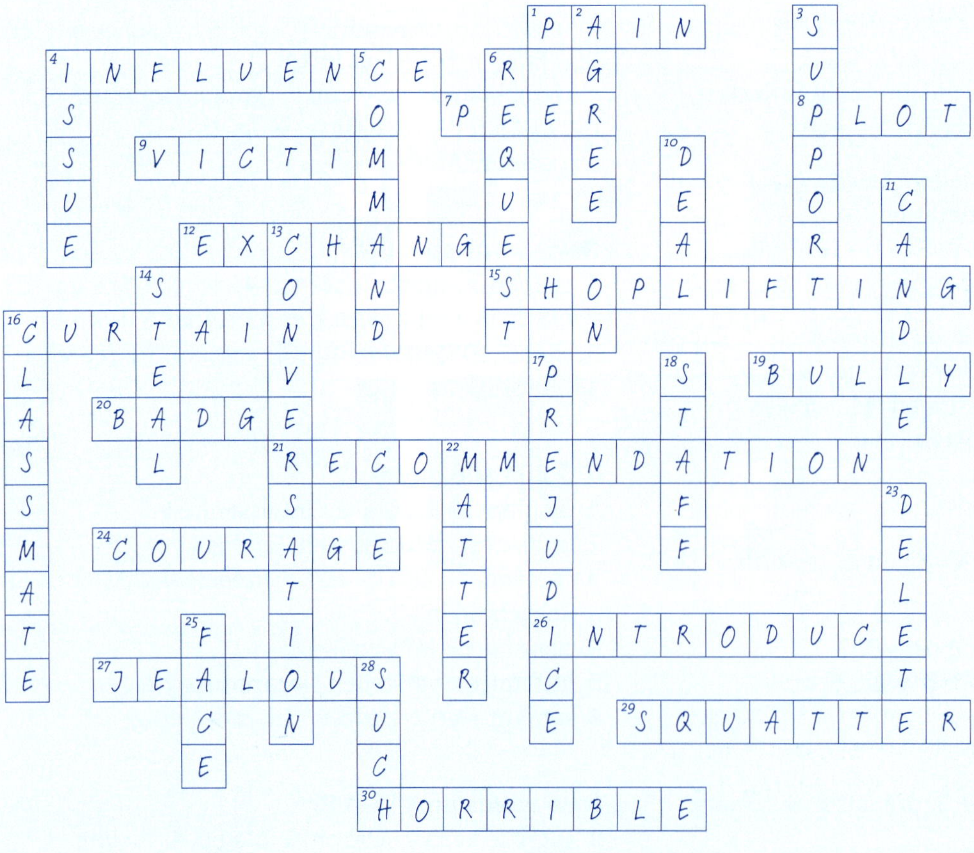

## Unit 3: Looking forward

### New words pp. 52–53
1 college 2 ingredients 3 sauce 4 takeaway
5 pick up 6 vacuum cleaner, washing machine
7 iron 8 earn 9 manage 10 budget
11 overspends 12 I often run out of money.
13 can't wait 14 skills

### 1 Find the right words
1 to, to 2 up, on, for 3 on, to 4 of

### New words pp. 54–55
1 strengths, weaknesses 2 work experience
3 confident, energetic 4 enthusiastic 5 punctual
6 reliable 7 criticism 8 study 9 university
10 solution to 11 identity

### 2 One English word – three German words
1 Bitte heb deinen Müll auf und wirf ihn in den Mülleimer.
2 Beeil dich, Jack. Wir haben keine Zeit mehr.
3 Mir geht oft das Geld aus.
4 Kannst du Mara heute von der Schule abholen?
5 Die Zeit wird knapp. Der Ausverkauf endet morgen.
6 Ich kaufe schnell Brot auf dem Heimweg.
7 Es tut mir leid, uns ist die Milch ausgegangen.

### New words p. 56
1 qualified 2 qualified 3 working hours 4 apply
5 stylist 6 up to 7 CV (curriculum vitae)
8 Communication 9 pay 10 trainees
11 qualifications 12 years of age 13 assistant

### 3 What are the words?
1 as far as / up to 2 Up to now / So far 3 up to
4 until 5 Up to now / So far 6 to

### New words p. 57
1 childcare 2 shifts 3 at all times 4 duties
5 outdoors 6 qualities 7 adventurous

### 4 Numbers and letters
1 work experience 2 care assistant 3 reliable
4 confident 5 strengths 6 weaknesses 7 qualify
8 shifts 9 working hours 10 pay 11 trainees
12 qualifications

Lösungswort: *adventurous*

### New words p. 58
1 dynamic 2 sales assistant 3 fitting room
4 cash desk 5 answer the phone 6 flexible 7 key skills 8 key 9 education 10 petrol station
11 achievement 12 keen 13 I'm keen on
14 references

### New words p. 59
1 cover letter 2 Dear Sir/Madam
3 advertisements/adverts/ads 4 suitable
5 enclose 6 Yours faithfully 7 relevant

### 5 Linking
BE: Dear Mr Ferguson – Yours sincerely;
Dear Sir/Madam – Yours faithfully

AE: Dear Mr Ferguson – Sincerely
Dear Sir/Madam – Sincerely/Sincerely yours

### 6 What's the right word?
1 keen 2 ingredients 3 qualified 4 adventurous
5 suitable

## 7 Definitions

| | | | | | | | | | | | | | | | | | |
|---|---|---|---|---|---|---|---|---|---|---|---|---|---|---|---|---|---|
| | | | | | | | | 1 E | X | A | M | | | | | | |
| | | | | | 2 S | T | U | D | Y | | | | | | | | |
| | | | | | | | 3 D | U | T | Y | | | | | | | |
| | | | | | | | 4 A | C | H | I | E | V | E | M | E | N | T |
| 5 Q | U | A | L | I | F | I | C | A | T | I | O | N | | | | | |
| | | | | | | | | 6 T | R | A | I | N | E | E | | | |
| | | | | | | 7 S | K | I | L | L | | | | | | | |
| | | | | | | | 8 C | O | L | L | E | G | E | | | | |
| | | | | | | | 9 U | N | I | V | E | R | S | I | T | Y | |

Lösungswort: *education*

## 8 Bits and pieces

1 key skills = Schlüsselqualifikationen, Schlüsselkompetenzen
2 sales assistant = Verkäufer/in
3 cover letter = Anschreiben, Begleitschreiben, Motivationsschreiben
4 vacuum cleaner = Staubsauger
5 cash desk = Kasse
6 fitting room = Anprobe, Umkleide(kabine)
7 work experience = Praktikum/Praktika; Arbeitserfahrung(en)
8 petrol station = Tankstelle
9 washing machine = Waschmaschine

### New words pp. 60–61

1 We're (good) friends with 2 though 3 admire 4 style 5 speech 6 for sure 7 send out

## 9 Word web

1 sauce 2 style 3 large 4 shade 5 leave 6 horse 7 slide 8 issue 9 agree 10 badge

### New words pp. 62–64

1 blurb 2 pretends 3 in order to 4 realize, complicated 5 lie 6 lie 7 put up you hand 8 application form 9 boardwalk 10 program 11 blouses 12 lipstick 13 cheerful 14 curly 15 neon

## 10 Word families

| | Verb | German | Noun | German |
|---|---|---|---|---|
| 1 | iron | bügeln | iron | Bügeleisen |
| 2 | budget | haushalten | budget | Budget, Haushalt |
| 3 | qualify | (sich) qualifizieren | qualification | (Schul-)Abschluss, Qualifikation |
| 4 | lie | lügen | lie | Lüge |
| 5 | apply | (sich) bewerben | application | Bewerbung |
| 6 | appear | erscheinen | appearance | Erscheinung(sbild), Aussehen |

### New words pp. 63–64

1 can 2 halves, half 3 credit card 4 fired 5 kiss, pulled back 6 lies 7 act 8 it does have

## 11 Word labyrinth

reliable – enthusiastic – punctual – cheerful – adventurous – suitable – keen – energetic

Lösungswort: *relevant*

### New words pp. 62–64

1 tenth graders 2 bakery 3 mention 4 clerk 5 immediately 6 hand 7 on your own, of mine 8 several 9 block 10 storeys/stories 11 unattractive 12 mature 13 actually 14 pumps 15 heels 16 graveyard 17 lady 18 slammed 19 shocked 20 swimsuit, sandals 21 foolish

### New words p. 65

1 personality 2 Appearance

**New words pp. 66–67**
1 job interview 2 performance 3 individuals 4 necessary 5 candidate 6 approach 7 greet 8 pleased 9 contact

### 12 One English word – four German words
1 Wenn wir das Haus kaufen wollen, müssen wir schnell handeln.
2 Was ist los mit dir – du hast dich sehr komisch verhalten, als Tom dich zu seiner Party eingeladen hat.
3 Ich wollte schon immer in „Romeo und Julia" mitspielen.
4 Tu nicht so, als ob du nicht wüsstest, was ich meine!

### 13 Opposites
1 budget 2 never 3 lie 4 unreliable 5 confident 6 weakness

### 14 The fourth word
1 answer 2 a job 3 Yours faithfully 4 clothes / a blouse

**New words MORE CHALLENGE pp. 72–73**
1 imagination 2 relationship 3 forever 4 minor characters 5 flatmate 6 serious 7 response 8 typical 9 rhyme 10 umbrella

### 15 Crossword

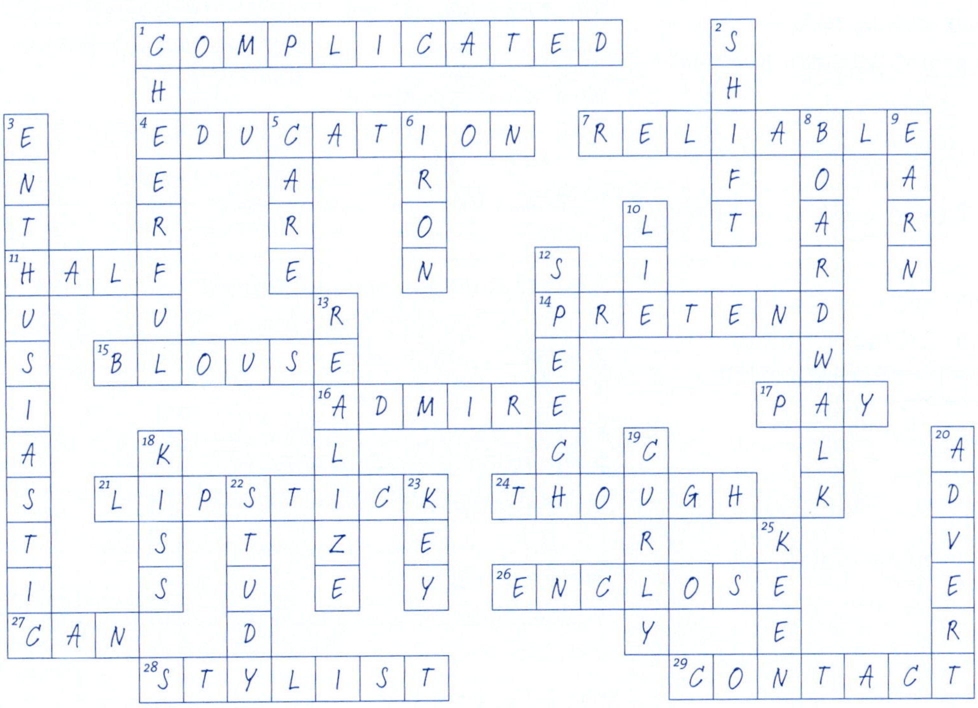

# Unit 4: Generation *like*

**New words pp. 74–77**
1 generation 2 digital 3 average 4 multitask 5 video-chat 6 at the same time 7 attraction 8 social media 9 the pros and cons 10 addicted to 11 habit 12 focus on 13 brain 14 was a drifter 15 butterflies

**1 Definitions**
1 butterfly 2 media 3 average 4 multitasking 5 the pros and cons 6 addicted 7 brain 8 habit 9 attraction 10 generation

**New words p. 78**
1 profile 2 standard 3 basic 4 imaginative 5 puppy 6 creative 7 search, for 8 comes up 9 Go ahead.

**New words p. 79**
1 vain 2 Critics 3 actually 4 post 5 depressing 6 astronaut 7 Artists 8 self-portraits 9 In other words 10 although 11 relax 12 argument 13 conclusion

**2 What's the right word?**
1 imaginative 2 depressing 3 searched 4 Go ahead.

**New words pp. 80–81**
1 targets 2 savvy 3 One in three 4 have reduced, by 5 advertisers 6 designs 7 products 8 repeat 9 strategy 10 irritates

**3 Lost words**
1 on 2 to 3 up 4 on 5 for 6 by 7 at 8 In 9 in

**New words pp. 82–83**
1 gatecrash 2 a while 3 reached 4 damage 5 clean-up 6 fault 7 ('ve) learned your lesson 8 straight away 9 type of 10 theme park 11 a shame

**4 Scrambled words**
1 gatecrashers 2 fault 3 shame 4 damage 5 irritate

**New words pp. 84–85 and 136–137**
1 onto 2 virtual 3 combat 4 unwanted 5 killer 6 virus, catch 7 realistic 8 ever 9 I haven't eaten in days. 10 backstreet 11 rich 12 Leave, alone 13 finder 14 crept up 15 dropped 16 till 17 idiot 18 is bad news 19 twins

**5 Odd word out**
1 media 2 virtual 3 depressing 4 after

**New words pp. 86–87 and 137–138**
1 grin(ning), at 2 roof 3 fire escape 4 ladder 5 mobile 6 I can't, can I

**6 Question tags**
1 K 2 F 3 J 4 A 5 I 6 B 7 G 8 C 9 E 10 D

**7 Bits and pieces**
1 multitask = mehrere Tätigkeiten gleichzeitig ausführen
2 video-chat = sich per Videokonferenz unterhalten
3 unwanted = unerwünscht
4 butterfly = Schmetterling
5 backstreet = Seitenstraße

**New words pp. 84–87**
1 heavyweight 2 turned away 3 spread 4 army, took over 5 energy 6 Torture 7 Step 8 weapon 9 frightened 10 shook 11 leather 12 no need 13 know, like the back of my hand 14 short cut 15 choice 16 crashed 17 flash 18 freezes

**New words pp. 88–89**
1 shocking 2 vamping 3 express 4 invention 5 observer, moderator 6 speaker 7 point 8 respectful

**8 What do you say in German?**
1 verängstigte/ängstliche Maus
2 Es macht mir Angst.
3 Es ist beängstigend.
4 ich habe Angst vor Hunden
5 Die Straße ist beängstigend voll
6 hat sie Angst vor dem Lärm

**9 Opposites**
1 unwanted 2 backstreet 3 rich 4 unrealistic

### New words MORE CHALLENGE pp. 94–95

**1** analysis, analyses **2** location **3** exit **4** gift **5** lively **6** got lucky **7** sell **8** Incredibly **9** even though **10** sum **11** hint **12** In fact **13** mak(ing) up **14** entertaining **15** aspect

### 10 How do you say the words

Betonung auf der 1. Silbe: argument – artist – astronaut – digital – energy – idiot – product – profile – social –virtual

Betonung auf der 2. Silbe: appearance – assistant – creative – mysterious

### 11 Word web

**1** artist **2** target **3** repeat **4** accept **5** expert **6** expect **7** almost **8** secret **9** combat **10** budget

### 12 Word search

| | | | | | | | | | | | | | | | |
|---|---|---|---|---|---|---|---|---|---|---|---|---|---|---|---|
| S | O | C | I | A | L | A | D | V | E | R | T | I | S | E | R |
| A | L | B | C | A | C | T | U | A | L | L | Y | D | E | V | L |
| F | G | A | S | P | E | A | K | E | R | Z | A | N | T | T | O |
| D | I | R | D | G | C | O | M | B | A | T | L | K | T | W | G |
| E | N | D | A | D | H | R | O | O | F | Y | T | J | S | I | B |
| V | V | A | K | M | E | U | L | Q | S | H | H | N | I | N | R |
| I | E | M | S | K | W | R | T | U | A | N | O | R | T | S | A |
| T | N | A | S | A | C | P | Y | D | F | J | U | L | R | P | I |
| A | T | G | E | D | U | M | G | L | K | L | G | I | A | F | N |
| N | I | E | R | P | N | Y | R | A | F | S | H | V | M | H | M |
| I | O | N | P | A | V | Z | W | E | P | R | L | K | T | E | R |
| G | N | Y | X | S | Y | V | D | F | P | M | E | D | I | A | I |
| A | B | N | E | N | H | A | L | G | B | E | R | T | Z | L | C |
| M | C | R | E | A | T | I | V | E | D | H | A | R | T | H | H |
| I | L | K | U | W | Q | N | A | F | K | O | P | T | G | U | X |
| A | V | E | R | A | G | E | B | R | E | D | U | C | E | Y | B |

## 13 Crossword

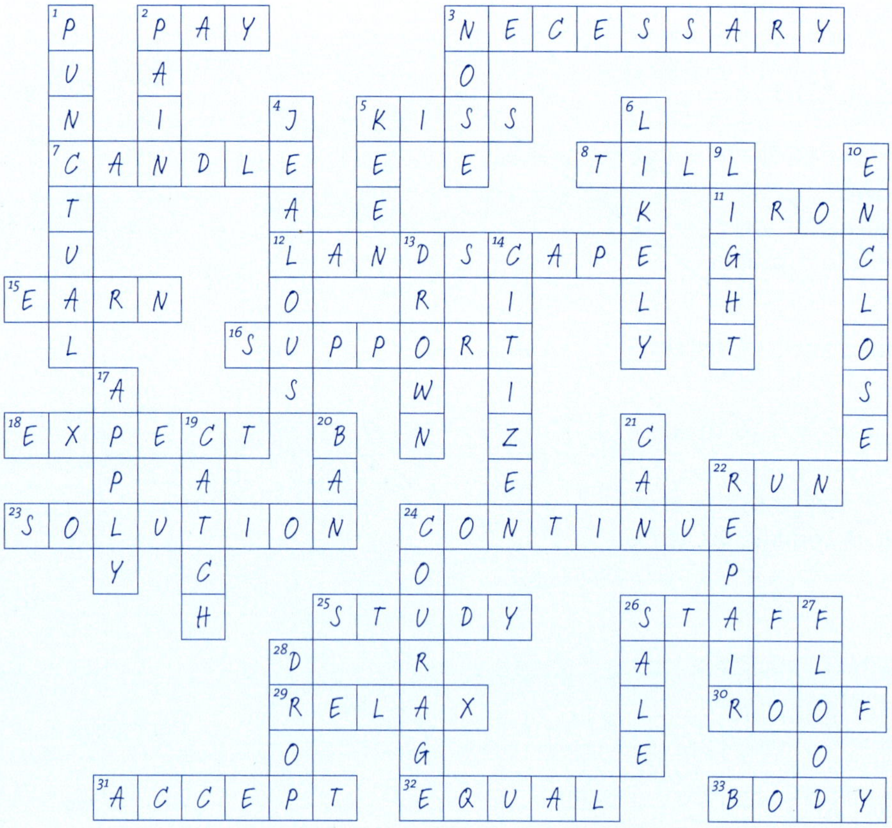

# Looking forward

## New words ▸ *pp. 52–53 | VOCABULARY pp. 218–219*

| | |
|---|---|
| 1 Ich war zwei Jahre auf der **Fachschule**. | I went to ____________ for two years. |
| 2 Welche **Zutaten** brauchst du für die Suppe? | What ____________ do you need for the soup? |
| 3 Ich kann Tomaten**soße** kochen. | I can make tomato ____________ . |
| 4 Wenn wir es eilig haben, kaufen wir immer chinesisches **Essen zum Mitnehmen**. | When we're in a hurry, we always buy some Chinese ____________ . |
| 5 Kannst du etwas Gemüse **kaufen**? | Can you ____________ some vegetables? |
| 6 Meine Urgroßmutter hatte keinen **Staubsauger** und auch keine **Waschmaschine**. | My great-grandmother didn't have a ____________ ____________ . She didn't have a ____________ either. |
| 7 Musst du deine Sachen selbst **bügeln**? | Do you have to ____________ your clothes? |
| 8 Ich **verdiene** mein eigenes Geld. | I ____________ my own money. |
| 9 Meine Eltern **verwalten** mein Geld. | My parents ____________ my money. |
| 10 Ich kann einfach nicht **haushalten**. | I just can't ____________ . |
| 11 Mein Bruder **gibt** oft **zu viel Geld aus**. | My brother often ____________ . |
| 12 **Mir geht oft das Geld aus.** | ____________ |
| 13 Ich **kann es kaum erwarten**, auszuziehen. | I ____________ to move out. |
| 14 Für diesen Job braucht man gute Sprach**fähigkeiten**. | You need good language ____________ for this job. |

## 1 Find the right words

*Setze die richtige Präposition in die Sätze ein.*

1 I'm going __________ college next year. I am really looking forward __________ it.

2 I'll pick __________ some vegetables __________ the way home. What else do we need __________ the soup?

3 Joel is spending far too much money __________ sweets. I think he's too young __________ manage his own money.

4 What do you do when you run out __________ money?

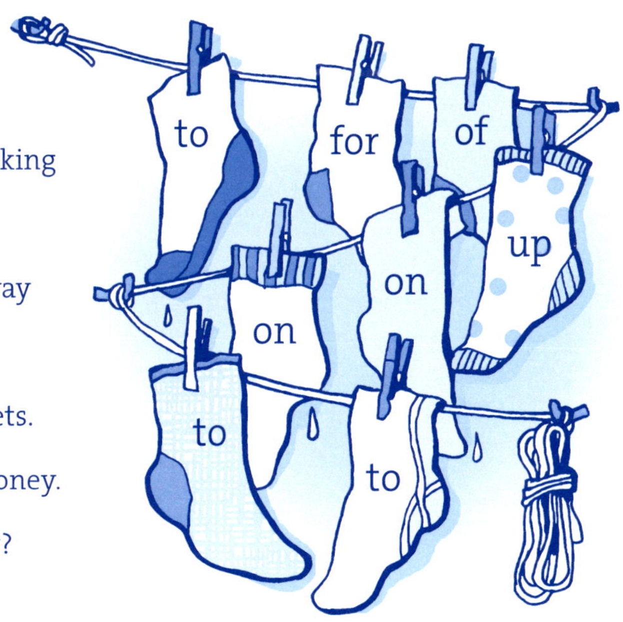

## New words ▸ *pp. 54–55 | VOCABULARY p. 219*

| | |
|---|---|
| 1 Wo liegen deine **Stärken** und deine **Schwächen**? | Where are your ______________ and your ______________? |
| 2 Ich mache gerade ein **Praktikum** im Zoo. | I'm doing ______________ at the zoo. |
| 3 Jana ist ein **selbstsicheres** und **energisches** Mädchen. | Jana is a ______________ and ______________ girl. |
| 4 Julie ist eine **enthusiastische** Reiterin. | Julie is an ______________ rider. |
| 5 Bitte sei **pünktlich**. | Please be ______________. |
| 6 Wir suchen einen **zuverlässigen** Babysitter. | We're looking for a ______________ babysitter. |
| 7 Wie reagierst du normalerweise auf **Kritik**? | How do you usually react to ______________? |
| 8 Olivia will Mathe **studieren**. | Olivia wants to ______________ maths. |
| 9 Waren deine Eltern auf der **Universität**? | Did your parents go to ______________? |
| 10 Was könnte die **Lösung für** dieses Problem sein? | What could be the ______________ this problem? |
| 11 Seine Behinderung ist Teil seiner **Identität**. | His disability is part of his ______________. |

## 2 One English word – three German words

*Übersetze die Sätze und achte auf die unterschiedliche Bedeutung von „pick up" und „run out".*

1 Please pick up your rubbish and put it in the bin.

______________________________

2 Hurry up, Jack, we're running out of time.

______________________________

3 I often run out of money.

______________________________

4 Can you pick up Mara from school today?

______________________________

5 Time is running out. The sale ends tomorrow.

______________________________

6 I'll pick up some bread on the way home.

______________________________

7 Sorry, we've run out of milk.

______________________________

## New words ▸ *p. 56 | VOCABULARY p. 220*

| | |
|---|---|
| 1 Sam **qualifizierte** sich zum Koch. | Sam ______________________ as a cook. |
| 2 Kim ist **qualifizierte** Fahrlehrerin. | Kim is a ______________ driving instructor. |
| 3 Meine **Arbeitszeit** ist von 8 bis 17 Uhr. | My ______________________________ are from 8 am to 5 pm. |
| 4 Ich will mich für ein Praktikum im Krankenhaus **bewerben**. | I want to __________________________ for work experience at a hospital. |
| 5 Mein Freund will **Friseur** werden. | My boyfriend wants to be a hair __________. |
| 6 Hier kann man **bis zu** £200 am Tag verdienen. | Here you can earn ____________________ £200 per day. |
| 7 Bitte schicken Sie uns Ihren **Lebenslauf**. | Please send us your __________________. |
| 8 Die **Kommunikation** ist schwer, wenn man nicht dieselbe Sprache spricht. | __________________________ is difficult if you don't speak the same language. |
| 9 Ich mag meinen Job und die **Bezahlung** ist gut. | I like my job and the ____________________ is good. |
| 10 Unsere Firma hat fünf **Auszubildende**. | Our company has five _________________. |
| 11 Welchen **Schulabschluss** braucht man für diesen Job? | What ____________________ do you need for this job? |
| 12 Tom ist 18 **Jahre alt**. | Tom is 18 ______________________________. |
| 13 Wir haben einen sehr guten Schulassistenten. | We have a very good school ______________. |

## 3 What are the words?

*Setze das richtige Wort ein.*

1 Walk ______________ the traffic lights, then turn left.

2 ______________ children got in for free.

3 Mum said can invite ______________ 25 guests to my party.

4 I'll have to work ______________ six o'clock. Then we can go for a meal.

5 ______________ I haven't heard from him, but I'm sure he got home all right.

6 The swimming pool is open from 6 am ______________ 10 pm today.

## New words ▸ *p. 57 | VOCABULARY p. 220*

| | |
|---|---|
| 1 Gibt es hier eine **Kinderbetreuung**? | Is there any ______________? |
| 2 Ich arbeite im **Schichtdienst** im örtlichen Krankenhaus. | I work ______________ at the local hospital. |
| 3 Fahrradfahrer sollten **jederzeit** einen Helm tragen. | Cyclists should wear a helmet ______________ ______________. |
| 4 Was sind deine Haupt**aufgaben**? | What are you main ______________? |
| 5 Ich arbeite gerne **im Freien**. | I like working ______________. |
| 6 Was sind die wichtigsten **Eigenschaften**, die Lehrer haben sollten? | What ______________ are the most important for teachers? |
| 7 Ich reise gerne und bin sehr **abenteuerlustig**. | I like travelling and I'm very ______________. |

## 4 Numbers and letters

*Zu jeder Zahl gehört ein Buchstabe. Finde zuerst die Lösungswörter. Vervollständige dann den Lösungssatz.*

Hi Gran,

Thank your for the book you sent me for my birthday. I'm so glad I'm 16 now and I can't wait to E A R N (1 2 3 4) my own money. But first I want to do some ____ (5 6 3 7) __________ (1 8 9 1 3 10 1 4 11 1) at our local hospital. I would like to work as a health ____ (11 2 3 1) _________ (2 12 12 10 12 13 2 4 13). My teachers say you need to be ________ (3 1 14 10 2 15 14 1) and _________ (11 6 4 16 10 17 1 4 13) to do that kind of work and mum and dad say it's important that I find out about my _________ (12 13 3 1 4 18 13 19 12) and __________ (5 1 2 7 4 1 12 12 1 12) before I decide what I want to _______ (20 21 2 14 10 16 22) for. There are two ______ (12 19 10 16 13 12) at the hospital, so my _______ (5 6 3 7 10 4 18) _____ (19 6 21 3 12) will either be from 6 am to 2 pm or from 2 pm to 10 pm. The ___ (9 2 22) for ________ (13 3 2 10 4 1 1 12) is quite good, but before I can apply I have to finish school with good ______________ (20 21 2 14 10 16 10 11 2 13 10 6 4 12).

I feel quite ___________ (2 17 V 1 4 13 21 3 6 21 12)!

Hope to see you soon.

James

## New words ▸ *p. 58 | VOCABULARY pp. 221–222*

| | | |
|---|---|---|
| 1 | Paul ist ein sehr **dynamischer** junger Mann. | Paul is a very ____________ young man. |
| 2 | Er möchte **Verkäufer** in einem Sportgeschäft werden. | He wants to become a ____________ at a sports store. |
| 3 | Ich möchte die Hose gerne anprobieren. Wo ist die **Anprobe**? | I'd like to try these trousers. Can you please tell me where the ____________ is? |
| 4 | Jill arbeitet an der **Kasse**. | Jill works at the ____________. |
| 5 | Tom, bitte **geh ans Telefon**. | Tom, please ____________. |
| 6 | Du musst **flexibel** sein, wenn du hier arbeiten willst. | You have to be ____________ if you want to work here. |
| 7 | Die **Schlüsselqualifikationen** für diesen Beruf sind gute Englisch- und Computerkenntnisse. | Good English and computer skills are the ____________ for this job. |
| 8 | Ich bin heute Abend nicht zu Hause. Vergiss deinen **Schlüssel** nicht! | I won't be at home tonight. Don't forget your ____________! |
| 9 | Ohne gute **Schulbildung** findest du hier keine Stelle. | You won't find a job here without a good ____________. |
| 10 | Können Sie mir bitte sagen, wo die nächste **Tankstelle** ist? | Can you please tell me where is the nearest ____________ is? |
| 11 | Innerhalb eines Jahres Deutsch zu lernen, ist eine ganz schöne **Leistung**. | Learning German within one year is quite an ____________. |
| 12 | John ist ein **begeisterter** Tänzer. | John is a ____________ dancer. |
| 13 | **Ich bin sehr daran interessiert**, deinen Freund kennen zu lernen. | ____________ meeting your boyfriend. |
| 14 | Unsere neue Chefin hatte sehr gute **Referenzen**. | Our new boss had very good ____________. |

## New words ▸ *p. 59 | VOCABULARY p. 222*

| | |
|---|---|
| 1 Halte dein **Anschreiben** kurz. | Keep your ______________ short. |
| 2 **Sehr geehrte Damen und Herren** | ______________ |
| 3 Hast du schon die Job**anzeigen** gelesen? | Have you read the job ______________? |
| 4 Ich brauche ein **geeignetes** Geschenk für meinen Opa. | I need a ______________ present for my grandad. |
| 5 Bitte **fügen** Sie eine Ausweiskopie **bei**. | Please ______________ a copy of your passport. |
| 6 **Mit freundlichen Grüßen** | ______________ |
| 7 Ist diese Information wirklich **relevant**? | Is this information really ______________? |

## 5 Linking

*Verbinde die formalen Briefanfänge jeweils mit dem richtigen Briefschluss. Achte darauf, ob du an eine britische oder amerikanische Person schreibst.*

Yours faithfully

Sincerely

Yours sincerely

Sincerely yours

## 6 What's the right word?

*Kreise das Wort ein, das in den Satz passt.*

1 John loves music. He's especially interested / keen / qualified on hip hop music.
2 I want to make pumpkin pie. Do you know what ingredients / identities / contents I need?
3 My sister is a qualification / qualified / qualify nurse.
4 I'd like to do something reliable / keen / adventurous in my summer holidays.
5 We're looking for a new sales assistant, but a relevant / suitable / flexible person hasn't applied so far.

## 7 Definitions

*Trage die Wörter in das Rätselgitter ein. Wie lautet das Lösungswort in den blauen Feldern?*

1 Another word for "test"
2 What students need to do in order to prepare for a test
3 Something you must do because it is part of your job
4 Something you have done successfully after trying hard
5 A course of study that you have successfully completed
6 Someone who is learning a job
7 A particular ability that you need to do well (in a job)
8 A place where students go to study after they have left high school
9 A place where students can go after they've completed no. 8, to get a better degree

## 8 Bits and pieces

*Verbinde die Silben, um englische Wörter zu bilden. Übersetze diese dann ins Deutsche.*

| | | | |
|---|---|---|---|
| 1 key | station | __________ | __________ |
| 2 sales | desk | __________ | __________ |
| 3 cover | machine | __________ | __________ |
| 4 vacuum | experience | __________ | __________ |
| 5 cash | room | __________ | __________ |
| 6 fitting | skills | __________ | __________ |
| 7 work | letter | __________ | __________ |
| 8 petrol | assistant | __________ | __________ |
| 9 washing | cleaner | __________ | __________ |

## New words ▸ *pp. 60–61 | VOCABULARY p. 222*

| | |
|---|---|
| 1 **Wir sind gut** mit den Schmidts **befreundet**. | ______________________ the Schmidts. |
| 2 Mein Vater ist Russe. **Allerdings** spreche ich nicht Russisch. | My father is Russian. I don't speak Russian ______________. |
| 3 Ich **bewundere** dich für deine Geduld. | I ________________ you for your patience. |
| 4 Mir gefällt dein **Stil**. | I like your ______________________. |
| 5 Mein Vater hat eine gute **Rede** auf der Hochzeit meiner Schwester gehalten. | My father gave a good ________________ at my sister's wedding. |
| 6 Die wird sie nie vergessen – das ist **sicher**. | She'll never forget it – that's ____________. |
| 7 Ich **verschicke** morgen meine Hochzeitseinladungen. | I'll ____________________ the invitations to my wedding tomorrow. |

## 9 Word web

*Finde die 10 Wörter, die in das Spinnennetz passen. Alle haben fünf Buchstaben und enden auf -e.*

1 A thick liquid you put over food
2 A certain way in which something is done
3 Another word for "big"
4 An area where the sunlight doesn't get to
5 Another word for "go away"
8 An important topic
9 To say that you have the same opinion

⑩

⑦

⑥

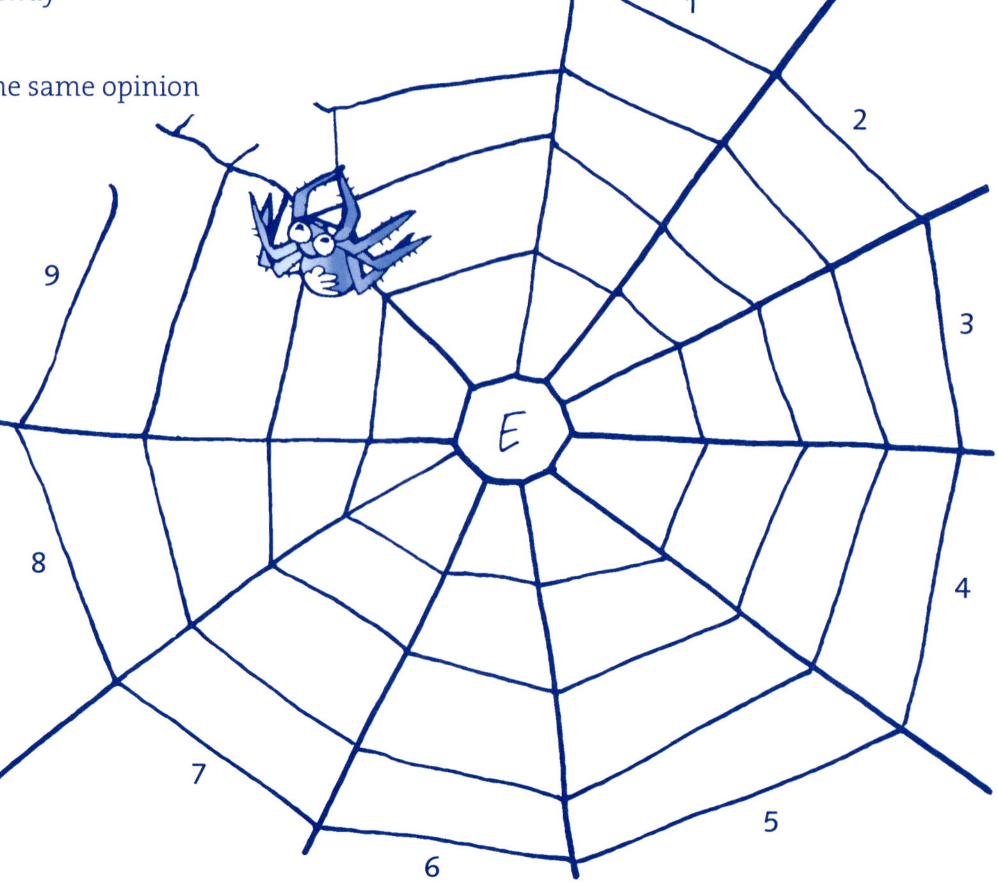

## New words ▸ *pp. 62–64 and 123–124 | VOCABULARY p. 223*

| | |
|---|---|
| 1 Ich habe mir das Buch gekauft, weil der **Klappentext** interessant klang. | I bought the book because the ______________ ______________ sounded interesting. |
| 2 Sie **tut** nur **so**, als ob sie glücklich wäre. | She only ______________ to be happy. |
| 3 Du musst 18 sein, um im Krankenhaus arbeiten **zu** dürfen. | You have to be 18 ______________ work at a hospital. |
| 4 Ich dachte, der Job wäre leicht, aber jetzt **erkenne** ich, dass er recht **kompliziert** ist. | I thought the job would be easy, but now I ______________ that it's quite ______________. |
| 5 Mia, **lüg** mich nicht an! | Mia, don't ______________ to me! |
| 6 Das ist nicht wahr, das ist eine **Lüge**! | That's not true, that's a ______________! |
| 7 Bitte **melde** dich, bevor du etwas sagst. | Please ______________ before you say something. |
| 8 Bitte füll das **Bewerbungsformular** aus. | Please fill in the ______________. |
| 9 Wir trafen uns auf der **Uferpromenade**. | We met on the ______________. |
| 10 Kennst du schon das neue Kino**programm**? | Do you know the new cinema ______________? |
| 11 Frauen tragen **Blusen**, Männer tragen Hemden. | Women wear ______________, men wear shirts. |
| 12 **Lippenstift** ist an unserer Schule verboten. | Wearing ______________ is not allowed at our school. |
| 13 Mona ist ein **fröhliches** Mädchen. | Mona is a ______________ girl. |
| 14 Ich hätte gerne so **lockige** Haare wie du. | I'd love to have ______________ hair like you. |
| 15 Verkaufen Sie **neon**farbige T-Shirts? | Do you sell ______________ T-shirts? |

## 10 Word families

*Ergänze die fehlenden englischen und deutschen Wörter. Achte auf die Wortart.*

| | Verb | German | Noun | German |
|---|---|---|---|---|
| 1 | | bügeln | iron | |
| 2 | budget | | | Budget, Haushalt |
| 3 | | | qualification | |
| 4 | lie | | | Lüge |
| 5 | apply | | | |
| 6 | appear | | | |

## New words ▸ *pp. 63–64 and 123–124 | VOCABULARY p. 224*

| | |
|---|---|
| 1 Wir brauchen eine **Dose** Tomaten für die Soße. | We need a ______ of tomatoes for the sauce. |
| 2 Zwei **Hälften** bilden ein Ganzes. Eine **Hälfte** bekommst du, die andere ich. | Two ______ make a whole. You get one ______, and I get the other one. |
| 3 Können wir mit **Kreditkarte** bezahlen? | Can we pay by ______? |
| 4 Er kam immer zu spät, und nach einem Monat **feuerte** ihn der Chef. | He kept being late, and after a month the boss ______ him. |
| 5 Sie wollte ihn **küssen**, aber er **wich zurück**. | She wanted to ______ him, but he ______. |
| 6 Unser Hund **liegt** immer unter dem Tisch. | Our dog always ______ under the table. |
| 7 Wir müssen jetzt **handeln**! | We have to ______ now! |
| 8 Doch, **es hat tatsächlich** eine Sauna. | Yes, ______ a sauna. |

## 11 Word labyrinth

*Übersetze die Wörter ins Englische. Trage die englischen Wörter in das Labyrinth ein. Die Anfangsbuchstaben helfen dir. Das Lösungswort findest du in den grauen Feldern.*

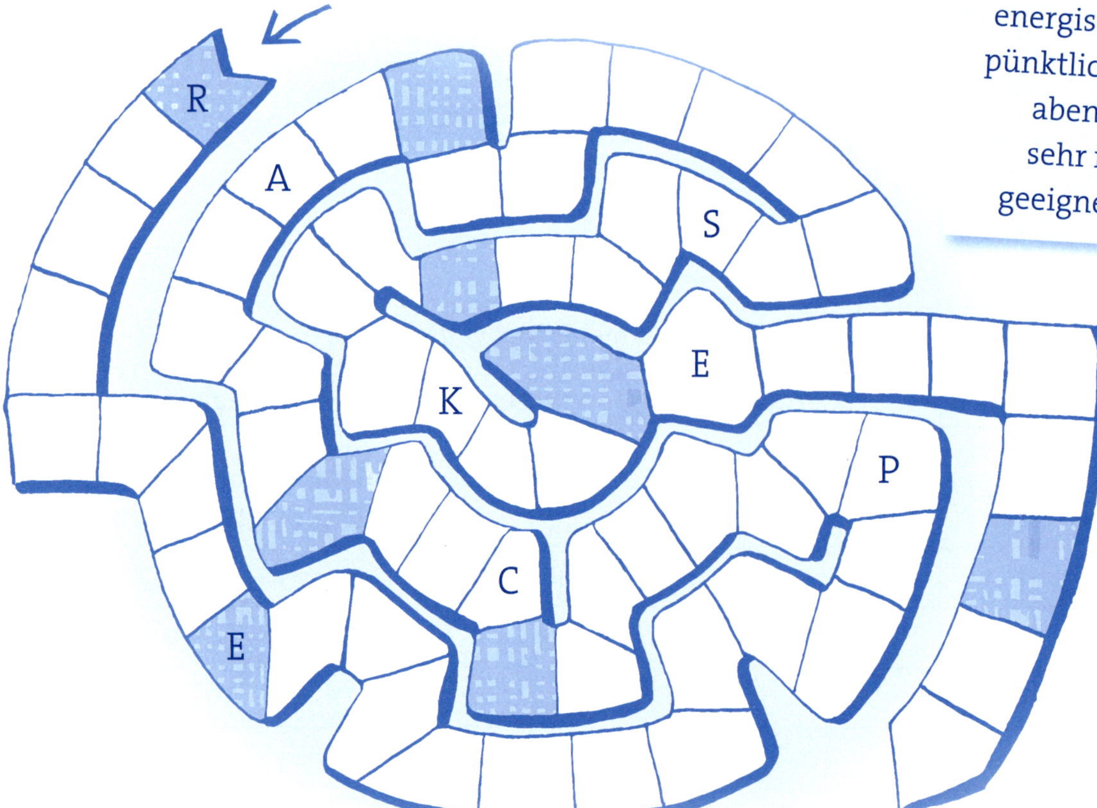


energisch – begeistert – pünktlich – zuverlässig – abenteuerlustig – sehr interessiert – geeignet – fröhlich

## New words

▸ pp. 62–64 | VOCABULARY pp. 224–225

> **!** *Wenn du den Text auf den Seiten 62–64 in deinem Schülerbuch gelesen und die zusätzlichen Wörter daraus gelernt hast, kannst du diese* ***New words*** *bearbeiten.*

| | | |
|---|---|---|
| 1 | Die **Zehntklässler** treffen sich in der Turnhalle. | The ______ meet in the gym. |
| 2 | Wir kaufen unser Brot in der **Bäckerei**. | We buy our bread in a ______. |
| 3 | Ich möchte noch **erwähnen**, dass wir bald nach Australien ziehen. | I would like to ______ that we're going to move to Australia soon. |
| 4 | Mein Vater war **Angestellter** in einer Bank. | My father was a ______ at a bank. |
| 5 | Komm **sofort** her! | Come here ______! |
| 6 | Kannst du mir bitte meine Tasche **reichen**. | Can you ______ me my bag, please. |
| 7 | Reist du **alleine**? – Nein, ein Freund **von mir** kommt mit. | Are you travelling ______? – No, a friend ______ is coming with me. |
| 8 | Die Reise wird **mehrere** Tage dauern. | The journey will take ______ days. |
| 9 | Wir wohnen im selben **Häuserblock**. | We live on the same ______. |
| 10 | Unser Haus hat 12 **Stockwerke**. | Our house is 12 ______ high. |
| 11 | Die Gegend ist ziemlich **unattraktiv**. | The area is quite ______. |
| 12 | Jake ist sehr **reif** für sein Alter. | Jake is very ______ for his age. |
| 13 | Also **eigentlich** bin ich erst 16. | Well, ______ I'm only 16. |
| 14 | Warum ziehst du **Pumps** in die Schule an? | Why are you wearing ______ to school? |
| 15 | Ich mag hohe **Absätze**. | I like high ______. |
| 16 | Wir wohnen gegenüber des **Friedhofs**. | We live opposite the ______. |
| 17 | Frag die **Dame**, ob sie etwas bestellen möchte. | Ask the ______ if she wants to order something. |
| 18 | Leo war sauer und **knallte** die Tür **zu**. | Leo was angry and ______ the door. |
| 19 | Oma war **schockiert**. | Grandma was ______. |
| 20 | Pack deinen **Badeanzug** und deine **Sandalen** ein – wir fahren ans Meer. | Pack your ______ and your ______ – we're going to the coast. |
| 21 | Deine Mutter anzulügen, war sehr **töricht**. | Lying to your mum was very ______. |

## New words ▸ *p. 65 | VOCABULARY p. 225*

> **!** *Wenn du die Aufgaben auf Seite 65 in deinem Schülerbuch gelesen und die zusätzlichen Wörter daraus gelernt hast, kannst du diese* ***New words*** *bearbeiten.*

| | |
|---|---|
| 1 Ida hat einen starken **Charakter**. | Ida has a strong ______________________. |
| 2 **Aussehen** zählt. | ______________________ matters. |

## New words ▸ *pp. 66–67 | VOCABULARY pp. 225–226*

| | |
|---|---|
| 1 Ich bereite mich auf mein **Vorstellungsgespräch** vor. | I'm preparing for my ______________________ ______________. |
| 2 Wie hat dir die **Vorstellung** gefallen? | How did you like the ______________________? |
| 3 Wir suchen einige lebhafte **Individuen** für unser neues Theaterstück. | We're looking for some lively ______________ for our new play. |
| 4 War die Operation wirklich **nötig**? | Was the operation really ______________________? |
| 5 Der nächste **Bewerber**, bitte! | The next ______________________, please! |
| 6 Wie ist deine **Herangehensweise** an schwierige Teenager? | What's your ______________________ to difficult teens? |
| 7 Komm und **begrüße** Tante Hilda. | Come and ______________________ Aunt Hilda. |
| 8 Ich **freue** mich so, hier zu sein. | I'm so ______________________ to be here. |
| 9 Wie können wir dich **kontaktieren**? | How can we ______________________ you? |

## 12 One English word – four German words

*Übersetze die Sätze und achte auf die unterschiedliche Bedeutung von „act".*

1 If we want to buy the house, we have to act fast.

______________________________________________________________

2 What's wrong with you – you acted very strangely when Tom asked you to come to his party?

______________________________________________________________

3 I've always wanted to act in "Romeo and Juliet".

______________________________________________________________

4 Don't act as if you didn't know what I mean!

______________________________________________________________

## 13 Opposites

*Finde das Gegenteil.*

| | | | | | |
|---|---|---|---|---|---|
| 1 overspend | ◂▸ | ______ | 4 reliable | ◂▸ | ______ |
| 2 at all times | ◂▸ | ______ | 5 shy | ◂▸ | ______ |
| 3 tell the truth | ◂▸ | ______ | 6 strength | ◂▸ | ______ |

## 14 The fourth word

*Ergänze das fehlende Wort.*

| | | | |
|---|---|---|---|
| 1 earn – money | ______ | – | the phone |
| 2 give – a speech | apply for | – | ______ |
| 3 Dear Mr Cox – Yours sincerely | Dear Sir/Madam | – | ______ |
| 4 vacuum cleaner – carpet | iron | – | ______ |

## New words MORE CHALLENGE ▸ *pp. 72–73 | VOCABULARY p. 234*

**!** *Wenn du die Texte und Aufgaben auf den Seiten 72 und 73 in deinem Schülerbuch gelesen und bearbeitet hast und die Wörter daraus gelernt hast, kannst du diese* ***New words*** *bearbeiten.*

| | |
|---|---|
| 1 Ich weiß nicht, worüber ich schreiben soll. – Setz mal deine **Fantasie** ein. | I don't know what to write about. – Well, use your ______ . |
| 2 Ich hatte immer ein gutes **Verhältnis** zu Jim. | I've always had a good ______ with Jim. |
| 3 Ich kenne John schon **ewig**. | I've known John ______ . |
| 4 Er ist Schauspieler, hat bisher aber nur **Nebenrollen** gespielt. | He's an actor but he's only played ______ ______ so far. |
| 5 Meine **Mitbewohnerin** ist ausgezogen. | My ______ has moved out. |
| 6 Wie war der Film? – Ach, das war kein **ernsthafter** Film, sondern eine Komödie. | Tell me about the film you saw. – Oh, it wasn't a ______ film. It was a comedy. |
| 7 Ich habe ihr einen Brief geschrieben, aber bisher keine **Antwort** darauf erhalten. | I wrote her a letter, but I've got no ______ so far. |
| 8 Das ist **typisch** für sie! | That's ______ of her! |
| 9 Kinder mögen Gedichte, die **sich reimen**. | Children like poems that ______ . |
| 10 Vergiss deinen **Schirm** nicht. Es regnet. | Don't forget your ______ . It's raining. |

## 15 Crossword

*Hier kannst du testen, wie gut du die Vokabeln der Unit 3 behalten hast.*

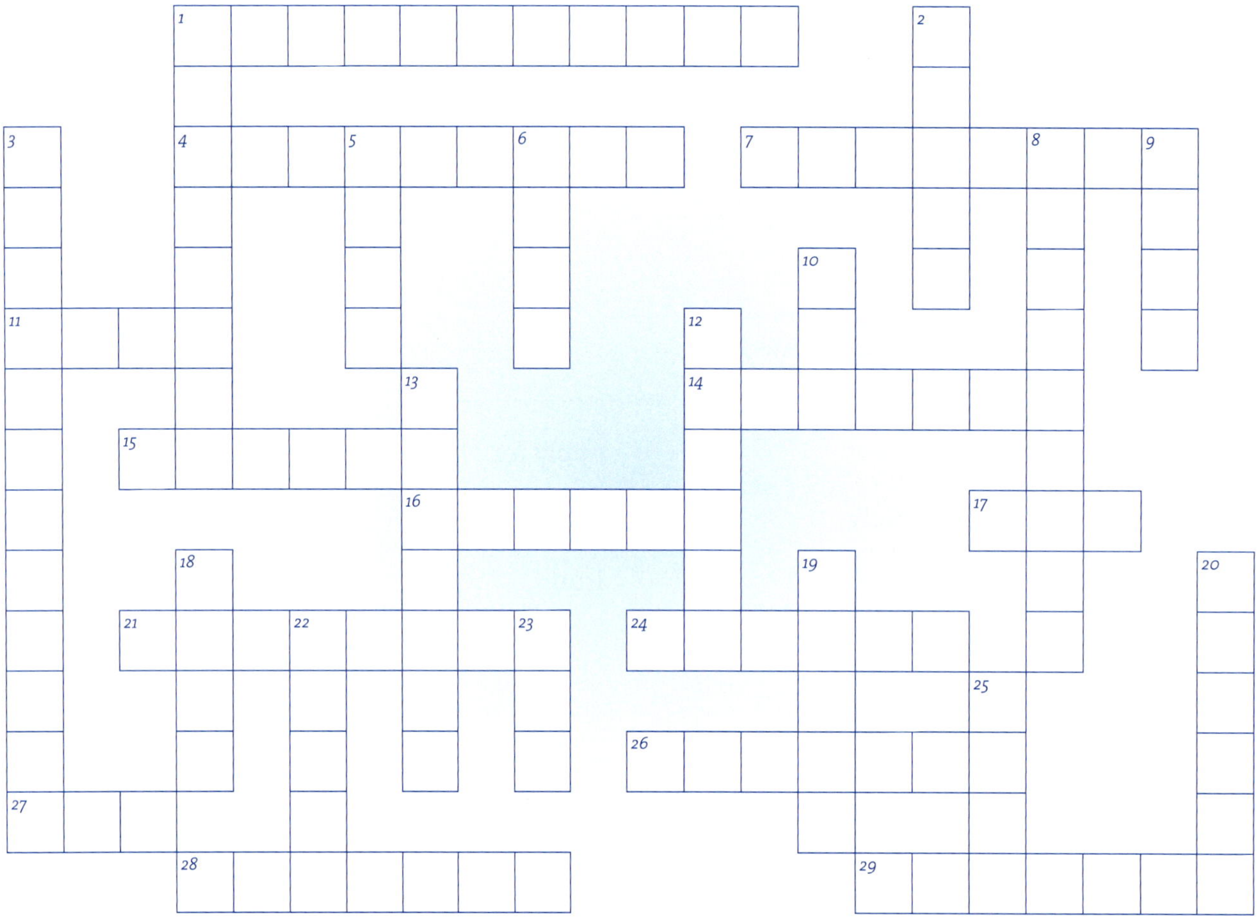

1 → kompliziert
1 ↓ fröhlich, gut gelaunt
2 Schicht *(bei der Arbeit)*
3 begeistert
4 (Schul-)Bildung
5 Versorgung, Betreuung
6 Bügeleisen; bügeln
7 zuverlässig, verlässlich
8 Steg, Uferpromenade
9 verdienen *(Geld)*
10 Lüge; lügen
11 Hälfte
12 Rede, Sprechweise
13 etwas erkennen, sich einer Sache bewusst werden
14 so tun, als ob (man etwas wäre)
15 Bluse
16 bewundern
17 Bezahlung, Lohn; bezahlen
18 Kuss; (sich) küssen
19 lockig
20 Anzeige, Inserat *(Kurzwort)*
21 Lippenstift
22 studieren; lernen
23 Schlüssel
24 aber, allerdings, jedoch
25 (sehr) interessiert, begeistert
26 beifügen, belegen *(einem Brief)*
27 Dose
28 Friseur/in; (Mode-)Stylist/in
29 Kontakt aufnehmen zu, sich melden bei

# Generation *like*

Unit 4

## New words ▸ *pp. 74–77 | VOCABULARY p. 226*

| | | |
|---|---|---|
| 1 | Meine **Generation** hört gern Rockmusik. | My __________ likes listening to rock music. |
| 2 | Wann begann das **digitale** Zeitalter? | When did the __________ age begin? |
| 3 | Der **durchschnittliche** Lohn beträgt hier 1000 Euro im Monat. | The __________ pay here is 1000 euros per month. |
| 4 | Man sagt, dass Frauen **mehrere Tätigkeiten gleichzeitig ausführen** können. | People say that women can __________. |
| 5 | Wir **unterhalten uns per Videokonferenz** mit unseren Mitarbeitern in den USA. | We __________ with our employees in the USA. |
| 6 | Du solltest nicht **gleichzeitig** essen und fernsehen. | You shouldn't eat and watch TV __________. |
| 7 | Die **Anziehungskraft** neuer Technologien ist groß. | The __________ of new technologies is huge. |
| 8 | Viele junge Leute können sich ein Leben ohne **soziale Medien** nicht vorstellen. | Lots of young people can't imagine life without __________. |
| 9 | Wir diskutieren gerade das **Für und Wider** von Computern im Kindergarten. | We're discussing __________ of computers in kindergarden. |
| 10 | Er ist **süchtig nach** Erfolg. | He's __________ success. |
| 11 | Nägelkauen ist eine schlechte **Angewohnheit**. | Biting your fingernails is a bad __________. |
| 12 | Bitte **konzentriere** dich jetzt **auf** deine Hausaufgaben. | Please __________ your homework now. |
| 13 | Ich habe genug gelesen für heute. Mein **Gehirn** braucht eine Pause. | I've read enough for today. My __________ needs a rest. |
| 14 | Er hat die Schule früh verlassen und **ließ sich** viele Jahre **treiben**. | He left school early and __________ __________ for many years. |
| 15 | Wir haben viele **Schmetterlinge** im Garten. | We have lots of __________ in our garden. |

## 1 Definitions

*Welche Wörter werden hier gesucht?*

1 An insect with big, often colourful wings: ______________

2 Television, radio, newspapers and the internet are all forms of the ______________.

3 The temperature last July was 40° C, much higher than the usual ______________.

4 Doing lots of different things at the same time: ______________

5 The arguments for and against something: ______________

6 If you can't stop doing or taking harmful things, you are ______________ to them.

7 The organ inside your head that controls your thoughts and actions: ______________

8 Something you do often and without thinking about it: ______________

9 An interesting or beautiful place to visit: ______________

10 All the people who were born around the same time: ______________

## New words ► *p. 78 | VOCABULARY p. 227*

| | |
|---|---|
| 1 Ich habe Tom im **Profil** gezeichnet. | I've drawn Tom in ______________. |
| 2 Was kostet ein **Standard**brief? | How much is a ______________ letter? |
| 3 Das Essen war sehr **einfach**. | The food was very ______________. |
| 4 Kleine Kinder sind oft sehr **einfallsreich**. | Small children are often very ______________ ______________. |
| 5 Wir haben Luna als **Welpen** bekommen. | We got Luna as a ______________. |
| 6 Lara ist sehr **kreativ**. Sie malt und schreibt Gedichte. | Lara is very ______________. She draws pictures and writes poems. |
| 7 Lass uns im Internet **nach** einem Scones-Rezept **suchen**. | Let's ______________ the internet ______________ a scone recipe. |
| 8 Das Thema **taucht** oft in Diskussionen **auf**. | The topic often ______________ in discussions. |
| 9 Darf ich Sie etwas fragen? – **Nur zu. / Dann mal los.** | May I ask you something? – ______________ ______________ |

## New words ▸ p. 79 | VOCABULARY pp. 227–228

| | |
|---|---|
| 1 Sandra ist zu **eitel**, um eine Brille zu tragen. | Sandra is too ______________ to wear glasses. |
| 2 **Kritiker** sagen, dass Fernsehen schlecht für kleine Kinder sei. | ______________ say that watching TV is bad for young children. |
| 3 **Eigentlich** ist er ganz nett. | He's quite nice, ______________. |
| 4 Ich **poste** nie Fotos im Internet. | I never ______________ photos on the internet. |
| 5 Es regnet seit Tagen. Das ist so **deprimierend**. | It's been raining for days. It's so ______________. |
| 6 Neil Armstrong war ein berühmter amerikanischer **Astronaut**. | Neil Armstrong was a famous American ______________. |
| 7 **Künstler** können hier ihre Arbeiten zeigen. | ______________ can show their work here. |
| 8 Van Gogh hat viele **Selbstporträts** gemalt. | Van Gogh painted lots of ______________. |
| 9 Ich muss jetzt arbeiten. **Mit anderen Worten**: Ich kann jetzt nicht mit dir spielen. | I have to work now. ______________ ______________: I can't play with you now. |
| 10 Die Milch ist schlecht, **obwohl** ich sie gestern erst gekauft habe. | The milk has gone off, ______________ I only bought it yesterday. |
| 11 Ich habe den ganzen Tag gearbeitet. Jetzt muss ich mich **entspannen**. | I've worked all day. I need to ______________ now. |
| 12 Wir hatten einen furchtbaren **Streit** mit unseren Nachbarn. | We had a horrible ______________ with our neighbours. |
| 13 Unsere **Schlussfolgerung** ist, dass wir hier wegziehen müssen. | We've come to the ______________ that we have to move away from here. |

## 2 What's the right word?

*Kreise das Wort ein, das in den Satz passt.*

1 She's a great painter and so imaginative / image / imagine!
2 It's so depressive / depressed / depressing that people don't stop fighting each other.
3 I asked / searched / looked the internet for information that I need for a presentation on whales.
4 Excuse me, may I borrow your pen? – Yes. Go ahead. / Come up. / Hurry up.

## New words ▸ *pp. 80–81 | VOCABULARY pp. 228–229*

| | |
|---|---|
| 1 Diese Werbung **zielt auf** junge Familien. | This ad __________ young families. |
| 2 Tom ist medien**versiert**. | Tom is media-__________. |
| 3 **Einer von drei** Schülern hier war noch nie am Meer. | __________ students has never been at the seaside. |
| 4 Ich kaufe mir das Fahrrad. Die **haben** den Preis **um** 50 Euro **reduziert**. | I'm going to buy the bike. They __________ __________ the price __________ 50 euros. |
| 5 Gute **Werber** wissen, was Käufer wollen. | Good __________ know what shoppers want. |
| 6 Er **entwirft** moderne Häuser. | He __________ modern houses. |
| 7 Welche **Produkte** interessieren dich? | What __________ are you interested in? |
| 8 Könnten Sie das bitte **wiederholen**? | Could you please __________ that? |
| 9 Hast du eine besondere Lern**strategie**? | Do you have a special learning __________? |
| 10 Die Art und Weise, in der du in der letzten Zeit mit mir sprichst, **ärgert** mich sehr. | The way you've been talking to me lately really __________ me. |

## 3 Lost words

*Setze die Wörter aus den Handys ein.*

1 I practise the guitar an hour a day __________ average.

2 No, I'm not addicted __________ computer games!

3 My brother often comes __________ with funny ideas.

4 Stop texting and focus __________ your homework now.

5 You could search the internet __________ more information.

6 Look, they've reduced the price of their boots __________ 50 per cent!

7 Dad prepares dinner, watches the news and checks his phone __________ the same time.

8 Lots of teenagers own mobile phones. __________ other words, mobile phones have become common gadgets for teenagers.

9 We did a survey in class, and it turned out that one __________ three students had never been at the coast.

## New words ▸ *pp. 82–83 | VOCABULARY p. 229*

| | |
|---|---|
| 1 Du kannst doch nicht **ungebeten** auf Tims Party **erscheinen**! | You can't ______ Tim's party! |
| 2 Es brauchte **eine Weile**, bevor ich mich hier zu Hause fühlte. | It took ______ before I felt at home here. |
| 3 Nach zwei Stunden **erreichten** wir Berlin. | We ______ Berlin after two hours. |
| 4 Das Feuer hat großen **Schaden** am Haus angerichtet. | The fire did a lot of ______ to the house. |
| 5 Nach der Party machten wir einen großen **Hausputz**. | We did a big ______ after the party. |
| 6 Wessen **Fehler** war das? | Whose ______ was it? |
| 7 Ich hoffe, du **hast deine Lektion gelernt**. | I hope you ______. |
| 8 Sie kam nach Hause und ging **sofort** ins Bett. | She came home and went to bed ______ ______. |
| 9 Sie ist nicht die **Sorte** Mensch, die andere belügt. | She is not the ______ person who lies to other people. |
| 10 In den Ferien verbringen wir einen Tag im **Themenpark**. | We'll spend one day in a ______ ______ in our holidays. |
| 11 Mein Fahrrad wurde gestohlen. – Was **ein Jammer**. | My bike was stolen. – What ______. |

## 4 Scrambled words

*Setze das richtige Wort aus dem Reservoir ein.*

ltfua
emadag
ateirrit
mshae
gashatecrers

1 The party was nearly over when a group of ______ turned up.

2 I'm very sorry. It's not your ______ that we've run out of milk. I forgot to buy some.

3 It's such a ______ that you can't come to the party.

4 Last night's storm did a lot of ______ to our house.

5 People who shout into their phones on public buses ______ me a lot.

## New words ▸ *pp. 84–85 and 136–137 | VOCABULARY pp. 229–230*

| | |
|---|---|
| 1 Unsere Katze springt gern **auf** Tische. | Our cat likes jumping __________ tables. |
| 2 Lucy hat mehr als 300 **virtuelle** Freunde. | Lucy has more than 300 __________ friends. |
| 3 100 Soldaten starben im **Kampf**. | 100 soldiers died in __________. |
| 4 Er war ein **unerwünschtes** Kind. | He was an __________ child. |
| 5 Die Polizei fasste den **Mörder**. | The police caught the __________. |
| 6 Mein Bruder hat ein **Virus**. Ich will mich nicht **anstecken**. | My brother has a __________. I don't want to __________ it. |
| 7 Wie **realistisch** ist es, dass euer Haus in diesem Monat fertig wird? | How __________ is it that your house will be completed this month? |
| 8 Der beste Film, den es **je** gab | The best film __________ |
| 9 **Ich habe tagelang nichts gegessen.** | __________ |
| 10 Wir wohnen in einer ruhigen **Seitenstraße**. | We live in a quiet __________. |
| 11 Hier leben nur **reiche** Leute. | Only __________ people live here. |
| 12 **Lass** mich **in Ruhe**. Ich möchte schlafen. | __________ me __________. I want to sleep. |
| 13 Der **Finder** bekommt £100. | The __________ will get £100. |
| 14 Unsere Katze **schlich** sich **heran** und versuchte, die Maus zu fangen. | Our cat __________ and tried to catch the mouse. |
| 15 Der Teller **fiel** auf den Boden und zerbrach. | The plate __________ to the floor and broke. |
| 16 Ich wartete **bis** 18 Uhr auf dich. | I waited for you __________ 6 pm. |
| 17 Benimm dich nicht wie ein **Idiot**! | Don't act like an __________! |
| 18 Der Fluss ist um zwei Meter gestiegen. Das **ist gefährlich**. | The river has risen by two metres. That __________ __________. |
| 19 Tim und Tom sind **Zwillinge**. | Tim and Tom are __________. |

## 5 Odd word out

*Streiche das Wort durch, das nicht in die Reihe passt.*

1 body – head – brain – media
2 theme park – virtual – zoo – museum
3 imaginative – creative – depressing – artistic
4 till – by – after – until

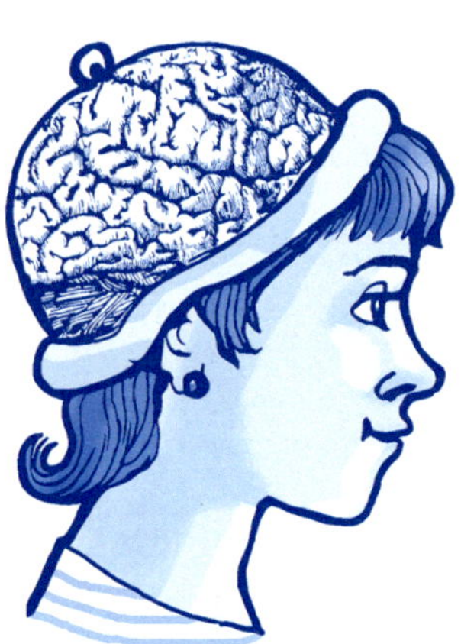

## New words ▸ *pp. 86–87 and 137–138 | VOCABULARY p. 230*

| | |
|---|---|
| 1 Warum **grinst** er uns **an**? | Why is he __________ning ________ us? |
| 2 Unser Haus braucht ein neues **Dach**. | Our house needs a new ________________. |
| 3 Wir bauen dann auch eine **Feuertreppe**. | We're also going to build a ________________ ________________. |
| 4 Zum Fensterputzen brauche ich eine **Leiter**. | I need a ____________ to clean the windows. |
| 5 Wenn man auf dem Land wohnt, muss man **mobil** sein. | You have to be ________________ when you live in the country. |
| 6 **Ich kann doch** den Hund **nicht** im heißen Auto lassen, nicht wahr? | ________________ leave the dog in the hot car, ________________? |

## 6 Question tags

*Verbinde die Sätze mit den richtigen Frageanhängseln. Zwei davon passen zu keinem der Sätze.*

| | |
|---|---|
| | A wasn't he? |
| 1 This exercise is easy, | B have you? |
| 2 Tom is your brother, | C isn't it? |
| 3 Grandma is coming next week, | D doesn't she? |
| 4 John was in London last week, | E do you? |
| 5 Dylan and his sister Cara are nice kids, | F isn't he? |
| 6 You haven't lost your keys, | G don't you? |
| 7 You speak English and French, | H is it? |
| 8 It's Grandma's birthday next week, | I aren't they? |
| 9 You don't want to do extra homework, | J isn't she? |
| 10 Mrs Black teaches English, | K isn't it? |
| | L does she? |

## 7 Bits and pieces

*Verbinde die Silben, um englische Wörter zu bilden. Achte auf die Schreibung. Übersetze die Wörter ins Deutsche.*

| | | | |
|---|---|---|---|
| 1 multi | fly | __________ | ________________ |
| 2 video- | street | __________ | ________________ |
| 3 un | task | __________ | ________________ |
| 4 butter | chat | __________ | ________________ |
| 5 back | wanted | __________ | ________________ |

## New words ▸ *pp. 84–87 | VOCABULARY p. 231*

> **!** *Wenn du den Text auf den Seiten 84–87 in deinem Schülerbuch gelesen und die zusätzlichen Wörter daraus gelernt hast, kannst du diese* ***New words*** *bearbeiten.*

| | |
|---|---|
| 1 Wladimir Klitschko ist **Schwergewichts-** boxer. | Wladimir Klitschko is a ______________ boxer. |
| 2 Nach dem Streit **wendete** sie sich von mir **ab**. | She ______________ from me after we had an argument. |
| 3 Die Krankheit **verbreitete** sich schnell. | The disease ______________ fast. |
| 4 Bald **übernahm** die **Armee die Macht**. | Soon the ______________. |
| 5 Ich habe nicht die **Energie** zu kämpfen. | I don't have the ______________ to fight. |
| 6 **Folter** sollte weltweit verboten sein. | ______________ should be forbidden all over the world. |
| 7 **Tritt** näher. | ______________ closer. |
| 8 **Waffen** aller Art sind an meiner Schule verboten. | There's a ban on any kind of ______________ at my school. |
| 9 Was ist passiert? Die Kinder sehen sehr **verängstigt** aus. | What happened? The children look very ______________. |
| 10 Ich fragte ihn, was er wollte, aber er **schüttelte** nur den Kopf. | I asked him what he wanted, but he only ______________ his head. |
| 11 Ich trage nur **Leder**schuhe. | I only wear ______________ shoes. |
| 12 **Es gibt keinen Grund**, mir böse zu sein. | There's ______________ to be cross with me. |
| 13 Ich **kenne** die Gegend **wie meine Westen-tasche**. | I ______________ the area ______________. |
| 14 Wir können eine **Abkürzung** nehmen. | We can take a ______________. |
| 15 Sie haben eine große **Auswahl** an Obst und Gemüse. | They have a huge ______________ of fruit and vegetables. |
| 16 Der Baum **krachte** in unseren Garten. | The tree ______________ into our garden. |
| 17 Ich sah das **Aufblitzen** eines Messers. | I saw the ______________ of a knife. |
| 18 Wenn der See **gefriert**, können wir Schlittschuhlaufen. | When the lake ______________, we can go ice-skating. |

## New words ▸ *pp. 88–89 | VOCABULARY pp. 231–232*

| | |
|---|---|
| 1 Jeden Tag kommen neue **schockierende** Nachrichten. | We get ____________ news every day. |
| 2 Junge Leute **sind** gern **spät in der Nacht noch aktiv**. | Young people like ____________. |
| 3 Sie kann ihre Gedanken sehr gut **ausdrücken**. | She can ____________ her thoughts very well. |
| 4 Kühlschränke sind eine wunderbare **Erfindung**. | Fridges are a wonderful ____________. |
| 5 Ich bin lieber der **Beobachter** als der **Moderator** einer Debatte. | I prefer being the ____________ to being the ____________ in a debate. |
| 6 Paula ist die **Sprecherin** unserer Gruppe. | Paula is our group's ____________. |
| 7 Das ist ein gutes **Argument**. | That's a good ____________. |
| 8 Sei **respektvoll** alten Menschen gegenüber. | Be ____________ towards old people. |

## 8 What do you say in German?

*Übersetze die unterstrichenen Passagen der Sätze ins Deutsche.*

1 What's up? You look like a frightened mouse. ____________

2 I don't want to speak in front of 100 people. It frightens me. ____________

3 There have been such a lot of accidents recently. It's frightening.

____________

4 I like cats, but I'm frightened of dogs. ____________

5 I'm not cycling to school. The road is frighteningly busy in the morning.

____________

6 Why is the baby crying? – Maybe she's frightened of the noise here.

____________

## 9 Opposites

*Finde das Gegenteil.*

| | | | |
|---|---|---|---|
| 1 wanted | ◂▸ ____________ | 3 poor | ◂▸ ____________ |
| 2 high street | ◂▸ ____________ | 4 realistic | ◂▸ ____________ |

## New words MORE CHALLENGE ▸ *pp. 94–95 | VOCABULARY p. 234*

**!** *Wenn du die Aufgaben auf den Seiten 94–95 in deinem Schülerbuch bearbeitet hast und die Wörter daraus gelernt hast, kannst du diese **New words** ausfüllen.*

| | | |
|---|---|---|
| 1 | Das Buch ist eine **Analyse** der Probleme drogenabhängiger Jugendlicher. Ich habe einige **Analysen** dazu gelesen. Diese ist die informativste. | The book is an ________ of the problems of drug-addicted teenagers. I've read a few ________ of it. This one is the most informative. |
| 2 | Venedig ist ein beliebter **Ort** für Liebesgeschichten. | Venice is a popular ________ for love stories. |
| 3 | Ich finde den **Ausgang** nicht. | I can't find the ________. |
| 4 | Diese Uhr ist ein **Geschenk** meines Opas. | This watch is a ________ from my grandad. |
| 5 | Lilly ist ein sehr **lebhaftes** Mädchen. | Lilly is a very ________ girl. |
| 6 | Ich habe lange nach einer Arbeit gesucht. Am Ende **hatte** ich **Glück** und fand eine. | I've been looking for a job for a long time. In the end I ________ and found one. |
| 7 | Computerspiele **verkaufen sich** gut. | Computer games ________ well. |
| 8 | **Es ist kaum zu glauben**, aber ich habe letzte Woche ein Auto gewonnen. | ________, I won a car last week. |
| 9 | Wir verstehen uns sehr gut, **auch wenn** wir nicht dieselbe Sprache sprechen. | We're getting on very well ________ we don't speak the same language. |
| 10 | Ich musste einen hohen **Betrag** für meine neue Wohnung bezahlen. | I had to pay a huge ________ for my new flat. |
| 11 | Ich weiß die Lösung nicht. Gib mir einen **Hinweis**. | I don't know the solution. Please give me a ________. |
| 12 | **Um genau zu sein**, ich verstehe schon die Aufgabe nicht. | ________, I don't understand the task. |
| 13 | Mara **denkt sich** gern Geschichten **aus**. | Mara likes ________ing ________ stories. |
| 14 | Herrn Sharpes Englischstunden waren immer sehr **unterhaltsam**. | Mr Sharpe's English lessons were always very ________. |
| 15 | Geld ist ein wichtiger **Aspekt**. | Money is an important ________. |

## 10 How do you say the words?

*Sieh dir die Wörter im Reservoir an und überlege, auf welcher Silbe du sie betonen musst. Ordne sie den richtigen Körben zu.*

appearance – argument – artist – assistant – astronaut – creative – digital – energy – idiot – mysterious – product – profile – social – virtual

## 11 Word web

*Finde die Wörter, die in das Spinnennetz passen. Alle haben sechs Buchstaben und enden auf -t.*

1 Someone who paints pictures
2 The thing you are trying to hit when you fire a gun
3 To say or do something again
4 To take what someone wants to give you
5 Someone who knows a lot about something
6 To think that something will happen
7 Another word for „nearly“
8 Something you mustn't tell anyone
9 Another word for fight
10 To be careful with the money you spend

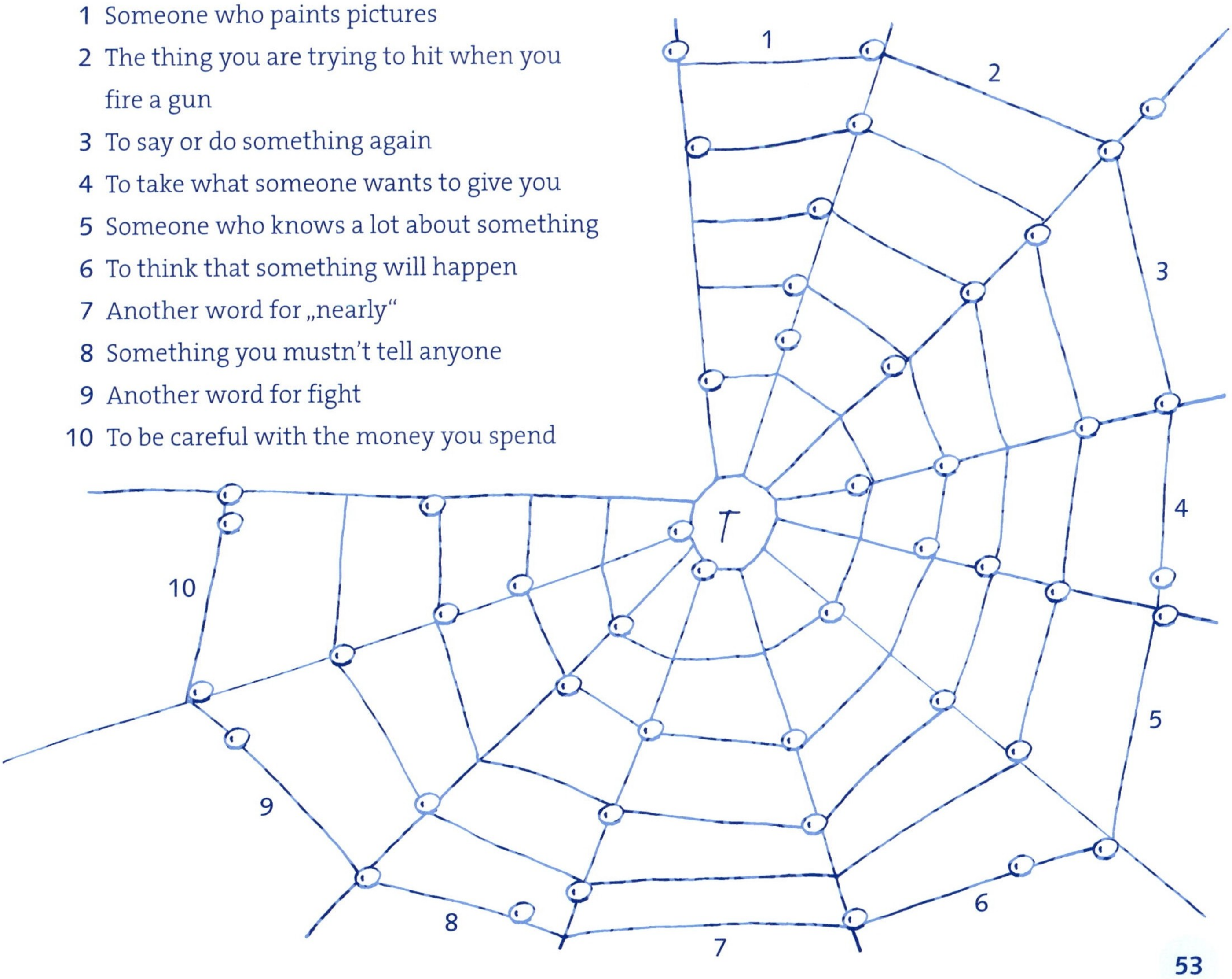

## 12 Word search

*Kreise 25 Wörter in dem Gitter ein, die du in Unit 4 gelernt hast. Die Fotos und die Bilderrahmen helfen dir. Du musst in 7 Richtungen (↘ ↙ ↖ ↓ ↑ → ←) suchen.*

| | | | | | | | | | | | | | | | |
|---|---|---|---|---|---|---|---|---|---|---|---|---|---|---|---|
| S | O | C | I | A | L | A | D | V | E | R | T | I | S | E | R |
| A | L | B | C | A | C | T | U | A | L | L | Y | D | E | V | L |
| F | G | A | S | P | E | A | K | E | R | Z | A | N | T | T | O |
| D | I | R | D | G | C | O | M | B | A | T | L | K | T | W | G |
| E | N | D | A | D | H | R | O | O | F | Y | T | J | S | I | B |
| V | V | A | K | M | E | U | L | Q | S | H | H | N | I | N | R |
| I | E | M | S | K | W | R | T | U | A | N | O | R | T | S | A |
| T | N | A | S | A | C | P | Y | D | F | J | U | L | R | P | I |
| A | T | G | E | D | U | M | G | L | K | L | G | I | A | F | N |
| N | I | E | R | P | N | Y | R | A | F | S | H | V | M | H | M |
| I | O | N | P | A | V | Z | W | E | P | R | L | K | T | E | R |
| G | N | Y | X | S | Y | V | D | F | P | M | E | D | I | A | I |
| A | B | N | E | N | H | A | L | G | B | E | R | T | Z | L | C |
| M | C | R | E | A | T | I | V | E | D | H | A | R | T | H | H |
| I | L | K | U | W | Q | N | A | F | K | O | P | T | G | U | X |
| A | V | E | R | A | G | E | B | R | E | D | U | C | E | Y | B |

**Words in German**

Durchschnitt
einfallsreich
kreativ
eitel
Künstler/in
obwohl
wiederholen
Schaden
reich

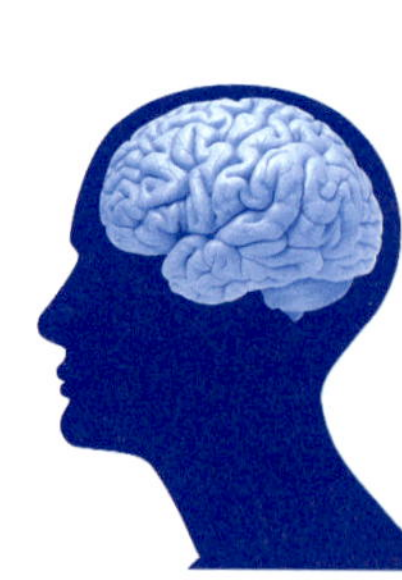

**Scrambled words in English**

edmia
ciasol
alactuly
rucede
aisedvertr
coambt
preexss
inveonnti

## 13 Crossword

*Hier kannst du testen, wie gut du die Vokabeln aus Band 5 behalten hast. Einige Wörter kennst du bereits aus früheren Bänden.*

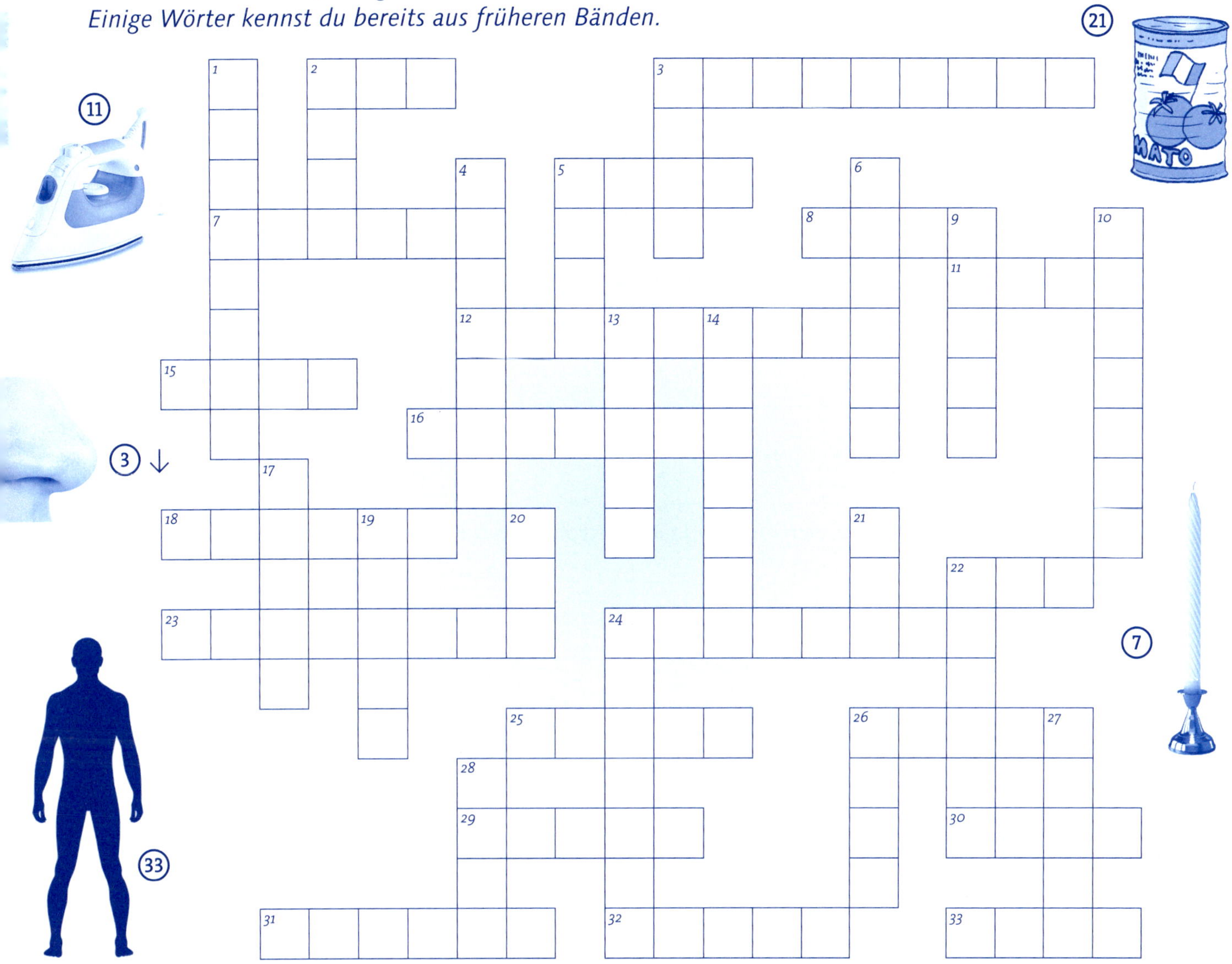


1 being on time
2 ↓ what you feel when you hurt yourself
2 → what employees receive for their work
3 → needs to be done
4 feeling angry because you want what sb. else has
5 → what you do with your mouth to sb. you love
5 ↓ very interested
6 probable
8 until
9 make sth. start to burn
10 put sth. inside a letter
12 everything you can see in the countryside
13 to die in water because
14 sb. who officially belongs to a town or country
15 get money for work
16 help
17 write to ask for a job
18 think that sth. will happen
19 get a disease (e.g. a virus)
20 a rule that sth. is not allowed
22 → We've ??? out of milk.
22 ↓ fix sth.
23 → the answer to a problem
24 → to go on doing sth.
24 ↓ not being afraid
25 to ??? for a test
26 → the group of people who work in a place
26 ↓ selling sth.
27 a lot of water that suddenly covers the land
28 let sth. fall
29 rest and be calm
30 the top part of a house
31 say that you like sth.
32 the same

**English G**

**Lighthouse 5 Wordmaster**

*Erarbeitet von:*
Ursula Fleischhauer, Hannover

*In Zusammenarbeit mit der Englischredaktion:*
Klaus Unger (Projektleitung)

*Illustrationen:*
Michael Fleischmann, Waldegg (S. 55 oben); Dorina Tessmann, Berlin (alle Illustrationen außer S. 55 oben re.)

*Titelbild:*
Dorina Tessmann, Berlin

*Layoutkonzept:*
Klein & Halm Grafikdesign, Berlin

*Umschlaggestaltung:*
Cornelsen Verlag Design unter Verwendung der Entwürfe von Klein & Halm Grafikdesign, Berlin und kleiner & bold, Berlin

*Layout und technische Umsetzung:*
Andrea Päch (MeGA 14), Berlin

*Bildquellen:*
Fotolia (S. 16 oben li.: Wolfgang Zwanzger, www.20er.net, oben 2. v. li.: Alik Mulikov; S. 36 Mitte: uwp_2010; S. 54 oben li.: pololia, oben re.: rcfotostock, 3. v. oben li.: Iculig, unten re: lightpoet; S. 55 Mitte li.: rufar); Shutterstock (S. 16 oben 3. v. li.: dencg, oben 4. v. li.: Andresr, 2. v. oben li. (u. 55): Anna Rassadnikova, 2. v. oben re.: Eric Isselee, 3. v. oben li.: dreamerve, 3. v. oben re.: Soloviova Liudmyla, 4. v. oben li.: Zeljko Radojko, 4. v. oben Mitte: Vereshchagin Dmitry, 4. v. oben re.: luminaimages, unten: Eric Isselee; S. 36 oben: Adem Demir, unten: Eric Isselee; S. 54 2. v. oben: Richard Peterson, Mitte: Pushish Images, 2. v. oben re.: patrice6000, unten li.: Radovan1; S. 55 oben li.: Chimpinski, unten re.: woverwolf)

**www.cornelsen.de**

1. Auflage, 1. Druck 2016

Alle Drucke dieser Auflage sind inhaltlich unverändert und können im Unterricht nebeneinander verwendet werden.



Druck: H. Heenemann, Berlin

ISBN 978-3-06-032385-2

Inhalt gedruckt auf säurefreiem Papier aus nachhaltiger Forstwirtschaft.